ZHONGGUO GUSHI BAI SHOU DU
中国古诗百首读

Zhu Hongda　　Wu Jiemin　　Xuanzhu
朱　宏达　　吴　洁敏　　选　注

SINOLINGUA
BEIJING

First Edition 1991
Second Printing 1996

ISBN 7-80052-165-6
Copyright 1991 by Sinolingua
Published by Sinolingua
24 Baiwanzhuang Road, Beijing 100037, China
Printed by Beijing Foreign Languages Printing House
Distributed by China International
Book Trading Corporation
35 Chegongzhuang Xilu, P.O. Box 399
Beijing 100044, China

Printed in the People's Republic of China

前　言

中国一向被称为"诗国"。世界各国人民在赞叹中国悠久历史所创造的灿烂文化时，尤为多彩多姿、具有永久艺术魅力的中国古代诗歌所深深吸引。

中国古诗不仅是中国的珍贵文学遗产，也是世界文学宝库中共同的瑰宝。一方面，文学是现实的反映，中国各个时期的诗歌，可以成为形象地了解和把握中国文明的一个"窗口"，另一方面，外国人也可以通过极具魅力的中国古诗，促进学习汉语的兴趣，提高他们对汉文化的鉴赏能力。

笔者于1985年、1987年参加国际汉语教学讨论会，了解到世界各国学习汉语的人越来越多，也深知迄今出版的各种汉语教材远不能满足外国读者的需要，尤其中、高级教材和课外读物显得比较匮乏。中国古诗是根据汉语韵律的优美和汉语的丰富形象性的特点，创造出来的一种以五、七言诗体为主的文学形式。它读来琅琅上口，便于吟哦、朗诵，易于记忆。倘若加注拼音，并配制录音磁带，是很适宜作为对外汉语教材或读物的。《中国古诗百首读》正是在这样的背景和构想中编撰问世的。

中国古诗以唐代诗歌为代表。本书的选篇即以唐诗为主,兼顾其它。上至《诗经》、《楚辞》、汉乐府、魏晋诗,下至宋、元、明、清诗,均有涉及,可使读者对中国古诗概貌有个粗略的认识。

本书每首诗加注汉语拼音。这也是《中国古诗百首读》不同于其它同类书的突出特点。外国人学习汉语最难掌握的是声调。通过对中国格律诗的朗读背诵,还可以充分练习汉字的声、韵、调,掌握汉字的四声。因为"古诗宜于缓读,又常常是两个音节为一个'音步',中间是'节落'、顿歇或迂回之处,有从容的时间思考标准音而一步步缓读下去。这对于初学者有极大的方便,可以在悠缓的吟诵式的朗读中,把每个字的声韵调念准。"(见徐世荣为拙编《新编普通话教程》作的"序言")当然,喜爱中国古诗的中国读者也可以此书作为朗读和欣赏的材料。

本书每首诗后有对诗作者的简单介绍、作品简析,并有一些难解词语的注释,目的是给学习者提供某种便利。在作品简析中,我们力求把每首诗的意境和艺术魅力所在,简洁而确切地介绍给读者。

为便于外国读者阅读理解,全书最后附有诗歌的英译文。

另外,诗的中文还配制了录音磁带。

本书在编写中,得到了北京大学许渊冲教授

的热情支持,书中英译部分转引了许先生等翻译的《唐诗三百首新译》和柳无忌先生等译的《Sunflower splendor three thousand fears of Chinese Poetry》。其余均由姚祖培教授等译出,王润中先生统稿。最后由华语教学出版社的谢竹筠(Julia Shearson,美籍)等外国专家对英译稿做了认真的修改、加工工作。本书在选注过程中,也参考过多种注释本,不能一一列出。在此一并表示感谢。

谨以此小册子奉献给喜爱中国古诗的国内外读者。

朱宏达 吴洁敏
1988年8月于杭州西溪陋室

目 录

1. 关雎 （《诗经·周南》）……………………1
2. 木瓜 （《诗经·卫风》）……………………5
3. 沧浪歌 （楚歌）……………………………7
4. 易水歌 （荆轲）……………………………8
5. 垓下歌 （项羽）……………………………9
6. 大风歌 （刘邦）……………………………10
7. 江南 （汉乐府）……………………………11
8. 长歌行 （乐府歌辞）………………………13
9. 龟虽寿 （曹操）……………………………15
10. 七步诗 （曹植）……………………………17
11. 归园田居 （其一）（陶渊明）……………19
12. 饮酒 （陶渊明）……………………………21
13. 敕勒歌 （北朝乐府）………………………23
14. 人日思归 （薛道衡）………………………25
15. 送杜少府之任蜀州 （王勃）………………26
16. 登幽州台歌 （陈子昂）……………………28
17. 登鹳雀楼 （王之涣）………………………29
18. 凉州词 （王之涣）…………………………31
19. 回乡偶书（贺知章）…………………………32
20. 春晓 （孟浩然）……………………………33
21. 九月九日忆山东兄弟 （王维）……………34
22. 鹿柴 （王维）………………………………36

23. 相思 （王维）	……………	37
24. 送元二使安西 （王维）	……………	38
25. 出塞 （王昌龄）	……………	39
26. 芙蓉楼送辛渐（王昌龄）	……………	41
27. 静夜思 （李白）	……………	42
28. 秋浦歌（其十五） （李白）	……	44
29. 黄鹤楼送孟浩然之广陵 （李白）	…	45
30. 望庐山瀑布 （李白）	……………	47
31. 早发白帝城 （李白）	……………	48
32. 凉州词 （王翰）	……………	49
33. 营州歌 （高适）	……………	50
34. 逢雪宿芙蓉山主人 （刘长卿）	…	51
35. 绝句 （杜甫）	……………	52
36. 江畔独步寻花 （杜甫）	……………	54
37. 绝句二首（其一） （杜甫）	……	55
38. 春望 （杜甫）	……………	56
39. 江南逢李龟年 （杜甫）	……………	58
40. 登高 （杜甫）	……………	59
41. 逢入京使（岑参）	……………	61
42. 寒食 （韩翃）	……………	62
43. 滁州西涧 （韦应物）	……………	64
44. 枫桥夜泊 （张继）	……………	66
45. 游子吟 （孟郊）	……………	67
46. 江南曲 （李益）	……………	69
47. 春怨 （金昌绪）	……………	71
48. 题都城南庄 （崔护）	……………	72

49. 赋得古原草送别 （白居易）··········74
50. 忆江南 （白居易）··········76
51. 锄禾 （李绅）··········78
52. 竹枝词 （刘禹锡）··········79
53. 乌衣巷 （刘禹锡）··········81
54. 春雪 （韩愈）··········83
55. 江雪 （柳宗元）··········85
56. 渔翁 （柳宗元）··········86
57. 离思五首（其四）（元稹）··········88
58. 闺意献张水部 （朱庆馀）··········90
59. 山行 （杜牧）··········92
60. 过华清宫绝句（其一）（杜牧）··········94
61. 江南春 （杜牧）··········96
62. 清明 （杜牧）··········97
63. 夜雨寄北 （李商隐）··········98
64. 乐游原 （李商隐）··········100
65. 蜂 （罗隐）··········101
66. 送日本国僧敬龙归 （韦庄）··········102
67. 江上渔者 （范仲淹）··········104
68. 陶者 （梅尧臣）··········106
69. 画眉鸟 （欧阳修）··········107
70. 泊船瓜洲 （王安石）··········108
71. 梅花 （王安石）··········110
72. 书湖阴先生壁二首（其一）（王安石）112
73. 饮湖上初晴后雨 （苏轼）··········114
74. 题西林壁 （苏轼）··········116

75.惠崇春江晚景 （苏轼）……117
76.绝句 （李清照）……118
77.晓出净慈寺送林子方 （杨万里）……120
78.游山西村 （陆游）……122
79.十一月四日风雨大作（陆游）……124
80.剑门道中遇微雨 （陆游）……126
81.示儿 （陆游）……128
82.四时田园杂兴（其一）（范成大）……129
83.游园不值 （叶绍翁）……130
84.过零丁洋 （文天祥）……132
85.癸巳五月三日北渡 （其一）（元好问）134
86.上京即事 （其一） （萨都剌）……135
87.天净沙·秋思 （马致远）……136
88.寻胡隐君 （高启）……138
89.京师得家书 （袁凯）……139
90.石灰吟 （于谦）……140
91.朝天子·咏喇叭（王磐）……141
92.明日歌 （文嘉）……143
93.舟夜书所见 （查慎行）……145
94.养蚕词 （缪嗣寅）……146
95.慈仁寺荷花池（何绍基）……148
96.村居 （高鼎）……149
97.己亥杂诗 （选一） （龚自珍）……151
98.赠梁任父同年 （黄遵宪）……153
99.台湾竹枝词 （其一） （梁启超）……155
100.本事诗（选一） （苏曼殊）……156

1 关 雎
GUANJU

《诗经·周南》

Shījīng Zhōunán

关关雎鸠①,

Guānguān jūjiū,

在河之洲②。

Zài hé zhī zhōu.

窈窕淑女③,

Yǎotiǎo shūnǚ,

君子好逑④。

Jūnzi hǎo qiú.

参差荇菜⑤,

Cēncī xìngcài,

左右流之⑥。

Zuǒ yòu liú zhī.

窈窕淑女,

Yǎotiǎo shūnǚ,

寤寐求之⑦。

Wùmèi qiú zhī.

求之不得,
Qiú zhī bù dé,

寤寐思服⑧。
Wùmèi sīfú.

悠哉悠哉⑨,
Yōuzāi yōuzāi,

辗转反侧⑩。
Zhǎnzhuǎn fǎncè.

参差荇菜,
Cēncī xìngcài,

左右采之。
Zuǒ yòu cǎi zhī.

窈窕淑女,
Yǎotiǎo shūnǚ,

琴瑟友之⑪。
Qínsè yǒu zhī.

参差荇菜,
Cēncī xìngcài,

左右芼之⑬。
Zuǒ yòu mào zhī.

窈窕淑女,
Yǎotiǎo shūnǚ,

钟鼓乐之。
Zhōnggǔ yuè zhī.

《诗经》是中国第一部诗歌总集。《关雎》就是这部总集中的第一篇。

这首诗写一个青年热恋着一位采荇菜的女子。先写他钟情于善良美好的姑娘,再写他执著的追求,最后写他在"求之不得"的情况下,想象着热热闹闹地把姑娘娶过来的情景。

①关关,水鸟的叫声。雎鸠,一种水鸟。②河,黄河。洲,水中小岛。③窈窕,纯洁美丽。淑,善良、美好。④好逑,喜爱的配偶。⑤参差,长短不齐。荇菜,生在水面上的一种植物,可以食用。⑥流,顺着水势去采。⑦寤寐,寤,睡醒。寐,睡着。⑧思服,思念。服的意义同思。⑨悠哉,形容思念之情很深且长。⑩辗转反侧,翻来覆去。指在床上不能安眠。⑪琴瑟,古代弦乐器。友,亲爱。⑫芼,择取。

2 木 瓜
MUGUA

《诗经 · 卫风》
Shījīng Wèifēng

(一)

投我以木瓜①,
Tóu wǒ yi mùguā,

报之以琼琚②。
Bào zhī yǐ qióngjū.

匪报也③,
Fěi bào yě,

永以为好也。
Yǒng yǐ wéi hǎo yě.

(二)

投我以木桃④,
Tóu wǒ yi mùtáo,

报之以琼瑶。
Bào zhī yǐ qióngyáo.

匪报也,
Fěi bào yě,

永以为好也。
Yǒng yǐ wéi hǎo yě.

（三）

投 我 以 木李⑤,
Tóu wǒ yǐ mùlǐ,

报 之 以 琼玖。
Bào zhī yǐ qióngjiǔ.

匪 报 也,
Fěi bào yě,

永 以 为 好 也。
Yǒng yǐ wéi hǎo yě.

　　男女青年互赠礼物，以表达各自的爱慕之心和初萌的情爱。全诗反复咏唱，气氛热烈，感情真挚，是中国古老民歌中的著名情诗。

　　①投，送。木瓜，植物名，落叶灌木。果实可食，亦可供赏玩。②报，回礼。琼琚，一种美玉，即宝石，后面的"琼瑶"、"琼玖"也指美玉，都是当时贵族男子佩在衣带上的一种装饰品。诗中男主人公以此送给女子，意在托物定情。③匪，同"非"，即"不是"。④木桃，桃子。⑤木李，李子。

3 沧浪歌
CANGLANG GE

楚　歌
Chǔ Gē

沧浪之水清兮①,
Cānglàng zhī shuǐ qīng xī,

可以濯我缨②。
Kěyǐ zhuó wǒ yīng.

沧浪之水浊兮,
Cānglàng zhī shuǐ zhuó xī,

可以濯我足。
Kěyǐ zhuó wǒ zú.

　　这是一首流传于春秋战国时代的南方民歌。最早见于《孟子·离娄》篇的记载。又名《孺子歌》。据说孔子（春秋时大思想家、教育家）在听到一位少年唱这支歌后，感触很深，对他的学生们说："你们记着呀！水清就洗帽缨，水浊就洗脚，这完全是由水本身决定的。"意思是一个人思想品行端正了，旁人就会尊敬他，思想品行不端正，旁人也就会看不起他。要得到人们的尊重，先要尊重自己。

　　①沧浪，水名。约在现在的湖北省。兮，古诗中的语气助词，相当于现代汉语中的"啊"。②濯，洗。缨，系帽子的带子。

4 易水歌①
YISHUI GE

(战国) 荆轲
(Zhànguó) Jīng Kē

风 萧萧 兮易水 寒②,
Fēng xiāoxiāo xī Yìshuǐ hán,

壮士 一去兮 不 复 还③!
Zhuàngshì yí qù xī bú fù huán!

荆轲(？—前227)，中国古代战国时期的一个刺客。他受燕国太子丹的嘱托，以使者的名义，去刺杀图谋吞并六国的秦王。失败后，壮烈献身。

这首歌是荆轲在燕国易水之滨，辞别太子丹和众多宾客时所唱的，慷慨悲壮，动人心弦，充分反映了荆轲不畏强暴，视死如归的精神。

①易水，河名，在现在的河北省境内。②萧萧，风声。③不复还，不再回来。

5 垓下歌[①]
GAIXIA GE

（秦）项羽
(Qín) Xiàng Yǔ

力拔山兮气盖世[②]。
Lì bá shān xī qì gài shì.

时不利兮骓不逝[③]。
Shí bú lì xī zhuī bú shì.

骓不逝兮可奈何[④]。
Zhuī bú shì xī kě nàihé.

虞兮虞兮奈若何[⑤]。
Yúxī Yúxī nài ruòhé.

　　这首歌是项羽（前232—前202，秦末农民起义军领袖，"楚汉之战"中为刘邦击败。）被汉兵围困于垓下，大势已去，为告别虞美人所唱。悲歌慷慨，感人至深，可以说是英雄项羽临终前的一首绝命辞。

　　①垓下，古地名，在今安徽灵璧县东南。②气，气概。盖世，笼罩宇宙。气盖世，形容气概不凡，武艺超群。③时，时势。骓，毛色青白间杂的马。不逝，不能奔驰向前。④奈何，怎么办。⑤虞，项羽爱妾虞姬(jī)，亦称虞美人。若，你。这句意思是，虞姬啊！虞姬啊！你将怎么办呢？

6 大 风 歌
DA FENG GE

（汉）刘 邦
(Hàn) Liú Bāng

大 风 起 兮 云 飞 扬。
Dà fēng qǐ xī yún fēi yáng.

威 加 海内 兮 归 故乡①。
Wēi jiā hǎinèi xī guī gùxiāng.

安 得 猛士 兮 守 四方②！
Ān dé měngshì xī shǒu sìfāng!

刘邦（？—前195），是反秦斗争中的一个领袖。推翻秦王朝后，又战胜了另一支起义队伍，创建了汉王朝。后称汉高祖。这首诗是刘邦消灭异姓诸侯王之后，返回故乡沛县（今江苏丰县）时所作。前两句写天下已定，威震海内，末一句写渴望求得猛士守御四方。全诗辞意畅达，充分表现了刘邦能创业又决心守业的豪迈气概。

①海内，国内。威加海内，统一中国的意思。②安得，怎得。猛士，勇士。

7 江 南
JIANGNAN

汉　乐府
Hàn　Yuèfǔ

江南 可采 莲,
Jiāngnán kě cǎi lián,

莲叶 何 田田①!
Liányè hé tiántián!

鱼 戏 莲叶 间:
Yú xì liányè jiān:

鱼 戏 莲叶 东,
Yú xì liányè dōng,

鱼 戏 莲叶 西,
Yú xì liányè xī,

鱼 戏 莲 叶 南,
Yú xì liányè nán,

鱼 戏 莲 叶 北。
Yú xì liányè běi.

　　汉武帝设掌管音乐的机构叫乐府,他们收集、整理、制订的乐章歌辞叫做乐府诗,简称"乐府"。
　　本篇属汉乐府《相和歌·相和曲》。全诗通过"鱼戏莲叶间"的反复描写,反映出江南水乡的美丽风光和采莲人的愉快心情。语言平易,风格清新,是一首质朴自然的民歌。
　　①田田,莲叶茂盛的样子。

8 长 歌 行
CHANG GE XING

乐府 歌辞
Yuèfǔ Gēcí

青青 园中 葵①,
Qīngqīng yuán zhōng kuí,

朝露 待日晞②。
Zhāo lù dài rì xī.

阳春 布 德泽③,
Yángchūn bù dézé,

万物 生 光辉。
Wànwù shēng guānghuī.

常 恐 秋节 至④,
Cháng kǒng qiūjié zhì,

焜 黄 华 叶 衰⑤。
Kūn huáng huá yè shuāi.

百川 东 到 海⑥,
Bǎi chuān dōng dào hǎi,

何时 复 西归⑦?
Hé shí fù xī guī?

少壮 不 努力,
Shàozhuàng bù nǔlì,

老大 徒 伤悲⑧。
Lǎodà tú shāngbēi.

　　这首诗采用暗示、比喻等手法,说明万物都有一个由盛到衰的过程,自然规律不可抗拒,人们应当珍惜宝贵的光阴,及时努力,有所作为。最后"少壮不努力,老大徒伤悲"两句,已成为脍炙人口的名句。

　　①葵,葵菜,中国古代重要蔬菜之一。②朝露,早晨的露水。晞,干。这句意思是,葵叶上的露水,等太阳出来就晒干了,暗示时光易逝。③阳春,温暖的春天。布,分给。德泽,恩惠。这句是说大自然给植物以露水和阳光。④秋节,秋季。⑤焜黄,枯黄貌。华,同花。⑥百川,形容河流很多。⑦这两句的意思是我国地势西北高,东南低,大河流一般都东流入海。这是比喻光阴一去不复返。⑧徒,空。

9 龟虽寿
GUI SUI SHOU

（三国） 曹 操
(Sānguó)　Cáo Cāo

神龟 虽 寿①,
Shénguī suī shòu,

犹 有 竟 时②。
Yóu yǒu jìng shí.

腾蛇 乘 雾③,
Téngshé chéng wù,

终 为 土灰。
Zhōng wéi tǔhuī.

老骥伏枥④,
Lǎo jì fú lì,

志 在 千 里。
Zhì zài qiān lǐ.

烈士 暮 年⑤,
Lièshì mù nián,

壮心 不 已⑥。
Zhuàngxīn bù yǐ.

盈 缩 之 期⑦,
Yíng suō zhī qī,

不但在天⑧。
Bú dàn zài tiān.

养怡之福⑨,
Yǎng yí zhī fú,

可得永年⑩。
Kě dé yǒng nián.

幸甚至哉,
Xìng shèn zhì zāi,

歌以咏志。
Gē yǐ yǒng zhì.

　　曹操(155—220),是中国历史上著名的政治家和军事家,也是建安时期承前启后的文学家。这首四言诗,原是《步出夏门行》的第四章,抒发了作者不服老、不信天、奋发有为、老当益壮的雄心壮志。

　　①神龟,传说龟能活千岁以上,故有"神龟"之称。寿,长寿。②竟,终结,终了。③腾蛇,传说中能腾云驾雾的一种神蛇。④骥,千里马。枥,马槽。⑤烈士,这里指有抱负、有才干的人。暮年,晚年。⑥已,止。⑦盈缩,进退、升降、成败、祸福等。⑧这句意思是成败祸福,并不全由天定。⑨养怡,调养性情,使之愉快。⑩这两句是说只要注意养生,精神乐观,可保长寿。

七步诗
QI BU SHI

（三国）曹　植
(Sānguó) Cáo Zhí

煮　豆　燃　豆萁①，
Zhǔ dòu rán dòuqí,

漉　豉　以为　汁②。
Lù chǐ yǐwéi zhī.

萁　在　釜　下　燃，
Qí zài fǔ xià rán,

豆　在　釜　中　泣③：
Dòu zài fǔ zhōng qì:

"本　是　同　根　生，
"Běn shì tóng gēn shēng,

相　煎　何　太　急④？"
Xiāng jiān hé tài jí?"

曹植（192—232），三国时魏国的著名文学家。他是曹操的第四个儿子，因为才华出众，曹操曾想立他做太子。后来曹植的二哥曹丕做了皇帝，对曹植百般迫害。因而他后期诗歌多抒写自己的不幸遭遇和蒙受的政治迫害。

据《世说新语·文学》记载，有一次曹丕耍曹植走七步路就写出一首诗来，否则杀头。曹植还没走完七步，就吟咏出这首讥刺骨肉相残的诗，使曹丕看了也觉得惭愧不已，打消杀害曹植的念头。全诗纯用比喻，形象生动，感人肺腑。

①豆萁，豆的梗子。这句意思是，烧豆萁来煮豆子。②漉，过滤。豉，豆豉，蒸熟以后发过酵的豆子。这句的意思是，用发过酵的豆豉，过滤一下，做调味的汁水。③釜，锅子。④煎，煎熬。相煎，即逼迫的意思。最后两句意思是说，我们本是一个根上生长起来的，你为什么对我逼迫得这样急呢？此处借豆子责问豆萁，比喻曹植对曹丕的责难。

11 归园田居(其一)
GUI YUAN TIAN JU

（东晋）陶　渊明
(Dōng Jìn) Táo Yuānmíng

种豆南山下①,
Zhòng dòu nánshān xià,

草盛豆苗稀。
Cǎo shèng dòumiáo xī.

晨兴理荒秽②,
Chén xīng lǐ huāng huì,

带月荷锄归③。
Dài yuè hé chú guī.

道狭草木长,
Dào xiá cǎo mù zhǎng,

夕露沾我衣④。
Xī lù zhān wǒ yī.

衣沾不足惜⑤,
Yī zhān bù zú xī,

但 使 愿 无 违⑥。
Dàn shǐ yuàn wú wéi.

    陶渊明(365—427),又名陶潜,字元亮。中国东晋时期的大诗人,以善写田园诗闻名于中国诗坛。这首诗就以清新自然的语言,毫不雕琢地写出了诗人在田间劳动时的一些感受,表达了诗人对躬耕自给生活的赞美。

    ①南山,这里指庐山。②兴,起。荒秽,指豆田中的杂草。③带,一作"戴"。荷,扛着。句意是,一直劳动到月亮出来,方才扛上锄头,披戴着月光回家。④夕露,夜晚的露水。⑤衣沾,衣服被露水濡湿。⑥愿无违,不要违背自己归隐田园的心愿。

12 饮 酒
YIN JIU

陶 渊明
Táo Yuānmíng

结庐在人境①,
Jié lú zài rénjìng,

而无车马喧②。
Ér wú chē mǎ xuān.

问君何能尔③?
Wèn jūn hé néng ěr?

心远地自偏④。
Xīn yuǎn dì zì piān.

采菊东篱下,
Cǎi jú dōng lí xià,

悠然见南山⑤。
Yōurán jiàn nánshān.

山气日夕佳⑥,
Shānqì rì xī jiā,

飞鸟相与还⑦。
Fēiniǎo xiāng yǔ huán.

此中有真意⑧,
Cǐ zhōng yǒu zhēnyì,

欲 辨 已 忘 言⑨。
Yù biàn yǐ wàng yán.

　　陶诗《饮酒》是总题,共二十首,这是第五首,写作者远离世俗社会之后,恬然自适的心情。所以题目虽然叫《饮酒》,实际上无一字涉及饮酒。

　　①结庐,盖房子。这里是住的意思。人境,有人居住往来的地方。②喧,吵闹的声音。此句说,听不到车马吵闹的声音。③君,指陶渊明。何能尔,为什么能够做到这样。这句意思是假设有人问陶渊明。④偏,偏僻,冷静。这句意思是,因为自己的心灵已远离了尘俗的牵缠,所以住的地方也自然好象显得清静起来了。这里是回答上面的问题。⑤悠然,悠闲自得的样子。⑥山气,山中的景色。日夕,近黄昏的时候。⑦相与还,一个个地相随着飞回来。⑧此中,这里面。真意,指从大自然里面所领会到的一种真正意趣。⑨辨,说明。忘言,想不到用哪一种言语来表达。这两句意思是说,从大自然的景色里,领会到一种意趣,想要说明白,但又不知该怎么说了。

13 敕勒歌
CHILE GE

北朝　乐府
Běicháo　Yuèfǔ

敕勒川①,
Chìlè chuān,

阴山下②。
Yīn Shān xià.

天似穹庐③,
Tiān sì qiónglú,

笼盖四野④。
Lǒng gài sì yě.

天苍苍,
Tiān cāngcāng,

野茫茫⑤,
Yě mángmáng,

风 吹 草 低 见 牛 羊。
Fēng chuī cǎo dī jiàn niú yáng.

　　这是一首南北朝时代北方民族的民歌。它生动地描绘了中国西北草原上雄壮美丽的景象：高朗的青天，无边的草原，成群的牛羊,牧人们在唱着嘹亮豪放的歌曲。
　　①敕勒, 古代中国的一个北方种族名称。川, 这里指平原。②阴山, 山脉名, 在今内蒙古自治区境内。③穹庐, 北方草原人民居住的毡制圆顶帐篷。俗称"蒙古包"。④笼盖四野, 辽阔的草原和天边连在一起, 天空仿佛是一顶庞大的圆帐, 笼罩在整个原野上。⑤茫茫, 形容辽阔无边。

14 人日思归
REN RI SI GUI

（隋）薛　道衡
(Suí)　Xuē Dàohéng

入春才七日，
Rù chūn cái qī rì,

离家已二年②。
Lí jiā yǐ èr nián.

人归落雁后③，
Rén guī luò yàn hòu,

思发在花前。
Sī fā zài huā qián.

　　薛道衡（540—609）是隋代艺术成就最高的诗人。这首诗写他出使陈国时，在江南怀恋故乡的思情。据说陈国人看了这首诗的前两句说：这是什么话？谁说他会做诗呢？及至看到诗的后两句，才说：到底名不虚传。平淡的前两句衬托出精采的后两句。全诗以计算归期的思想活动细节，委婉地表达思家的深情，颇有含蓄不尽的风味。

　　①人日，相传古代以农历正月初七为人日。②离家句，是说在客中度岁，由旧年跨入了新年，并非整整两年。③人归二句，意思是归乡之意早在春暖花开前就有了，但真正动身也许要落在北归的大雁后边。

15 送杜少府之任蜀州 ①
SONG DU SHAOFU ZHI REN SHUZHOU

(唐) 王勃
(Táng) Wáng Bó

城阙 辅 三秦 ②,
Chéngquè fǔ Sān Qín,

风烟 望 五津 ③。
Fēngyān wàng wǔ jīn.

与君 离别 意,
Yǔ jūn líbié yì,

同 是 宦 游 人 ④。
Tóng shì huàn yóu rén.

海内 存 知己,
Hǎinèi cún zhījǐ,

天涯 若 比邻 ⑤。
Tiānyá ruò bǐlín.

无为 在 歧 路 ⑥,
Wúwéi zài qí lù,

儿女共沾巾⑦。

Ernǚ gòng zhān jīn.

王勃(约650—676),字子安,绛州龙门(今山西河津)人,是"初唐四杰"之一,虽才学兼富,但一生不得志。这首诗用开朗壮阔的诗情,排遣缠绵悱恻的离情别绪,变悲凉为豪放,表现了作者通达乐观的胸怀。

①少府,当时对县尉(掌管一县军事工作的官吏)的尊称。之任,上任、就职。蜀州,地名,今四川崇庆县。②城阙,这里指唐代首都长安城。三秦,秦汉之际,项羽曾把秦国土地分为雍、塞、翟三国,总称三秦。这里指长安附近关中一带。辅,卫护。③风烟,风云。津,渡口。五津,指四川省岷江从灌县到犍为县一段中的五个渡口,即白华津、万里津、江首津、涉头津、江南津。这里指杜少府将要去的蜀地。整句意思是杜少府将要南下,远望蜀州,但见风烟杳渺而已。④宦游人,在异乡做官的人。⑤海内二句,意思是四海之大,总有知心的好朋友,虽然远在天边,可是还象邻居一样亲近。⑥无为,不用。歧路,岔路。这里指相别的地方。⑦沾巾,泪水沾湿了袖巾。

16 登幽州台歌①
DENG YOUZHOU TAI GE

（唐）陈子昂
(Táng) Chén Zǐ'áng

前不见古人②，
Qián bú jiàn gǔrén,

后不见来者。
Hòu bú jiàn lái zhě.

念天地之悠悠，
Niàn tiāndì zhī yōuyōu,

独怆然而涕下③。
Dú chuàngrán ér tì xià.

陈子昂（661—702）字伯玉，梓州射洪（今属四川省）人，是初唐"四杰"之后的著名诗人，他在文学革新上的理论和实践，对当时诗风、文风的转变有着重大的影响。这首诗写诗人登台远眺，既看不到象燕昭王那样的古代贤君，也见不到后代的明君。想到茫茫宇宙，天长地久，愈加感到自己孤单寂寞，因而悲从中来，怆然流泪。全诗慷慨悲凉，表现了诗人失意的境遇和寂寞苦闷的情怀。

①幽州台，又称蓟（jì）北楼。幽州，郡名，古代燕国所在地。幽州台在今北京市大兴县一带。②古人、来者，指从前的贤者和未来的贤者。③怆然，感伤地。涕，眼泪。

17 登鹳雀楼①
DENG GUANQUE LOU

（唐）王之涣
(Táng) Wáng Zhīhuàn

白日依山尽，
Báirì yī shān jìn,

黄河入海流。
Huánghé rù hǎi liú.

欲穷千里目，
Yù qióng qiān lǐ mù,

更上一层楼。
Gèng shàng yì céng lóu.

王之涣(688—742)字季凌,晋阳(今山西太原)人,唐代著名诗人。他的诗大都散佚,今尚存六首诗。这首诗通过登楼望远的感受,写出诗人阔大的胸怀;并通过含蓄的语言和浓郁的韵味,给读者留下充分的想象余地和关于某些人生哲理的有益启示。

①鹳雀楼,在今山西省永济县黄河边,是俯瞰黄河的登临胜地。

18 凉 州 词
LIANGZHOU CI

王 之涣
Wáng Zhīhuàn

黄河 远 上 白云 间，
Huánghé yuǎn shàng báiyún jiān,

一 片 孤 城 万 仞 山②。
Yí piàn gū chéng wàn rèn shān.

羌笛 何须 怨 杨柳③，
Qiāngdí héxū yuàn yángliǔ,

春风 不 度 玉门 关④。
Chūnfēng bú dù Yùmén guān.

　　这首诗描写古代西北边境凉州一带的景象，反映出诗人壮阔豪放的情怀。前两句写静态：汹涌的黄河象一条丝带迤逦飞上云端，孤城一座在万丈高山环抱中兀然屹立，给人留下了广漠壮阔、孤城险要的印象。后两句写动态：边疆人的笛子哀怨地吹奏着《折杨柳》的曲调，而作者却认为不必怨恨，因为玉门关外，是春风吹不到的地方。全诗以壮阔的心胸，抒写出戍边者不得还乡的怨情感慨。

　　①凉州，地名，在今甘肃省武威县。②仞，古代长度单位，七尺或八尺为一仞。万仞，形容山极高。③羌，中国古代西北地区的少数民族。杨柳，即《折杨柳》，古乐府曲调。怨杨柳，表示对西北地区的荒凉和戍边不归的怨情。④玉门关，在今甘肃省敦煌县西，是古代通往西域的要道。

19 回乡偶书①
HUI XIANG OU SHU

(唐)贺 知章
(Táng) Hè Zhīzhāng

少小 离家 老大 回,
Shàoxiǎo lí jiā lǎodà huí,

乡音 无改 鬓毛 衰②。
Xiāngyīn wú gǎi bìnmáo cuī.

儿童 相见 不 相 识,
Értóng xiāngjiàn bù xiāng shí,

笑 问"客 从 何处 来?"
Xiào wèn "Kè cóng héchù lái?"

　　贺知章(659—744),字季真,会稽(现浙江绍兴)人,是唐代著名的诗人和书法家,李白的好友。早年在朝廷做官,晚年回家乡隐居。这首诗写作者年轻时离开家乡,到年老后才回来。孩子们见到他时,居然笑着问他是从哪里来的?全诗将作者叶落归根时的感慨和喜悦,儿童的天真活泼神态,非常朴素而细腻地描绘出来了。

　　①偶书,偶然地、随意地写下来。②鬓毛,耳边的头发。衰,稀疏。鬓毛衰,是一个人衰老的开始。

20 春 晓
CHUN XIAO

（唐） 孟 浩然
(Táng) Mèng Hàorán

春眠不觉晓，
Chūn mián bù jué xiǎo,

处处闻啼鸟。
Chùchù wén tí niǎo.

夜来风雨声，
Yè lái fēngyǔ shēng,

花落知多少？
Huā luò zhī duōshǎo?

　　孟浩然（689—740），襄州襄阳（今湖北襄阳）人，是唐代著名的山水田园诗人。政治上一生不得志。擅长写五言诗，与王维并称为"王孟"诗派。这首诗描写雨后春天早晨的情景。只从听觉角度着笔，一片啼鸟声引起作者对春天的美好想象，潇潇风雨声，又使作者耽心花朵的飘零凋落。盎然的春意和大自然的美好，是通过诗人室内耳闻和联想加以表现的。全诗语言平易浅近，自然天成，深受古今读者的喜爱。

21 九月九日忆山东兄弟①
JIUYUE JIU RI YI SHANDONG XIONGDI

(唐) 王维
(Táng) Wáng Wéi

独在异乡为异客，
Dú zài yì xiāng wéi yì kè,

每逢佳节倍思亲②。
Měi féng jiājié bèi sī qīn.

遥知兄弟登高处③，
Yáo zhī xiōngdì dēng gāo chù,

遍插茱萸少一人④。
Biàn chā zhūyú shǎo yì rén.

王维(701—761)字摩诘,原籍祁,后迁居蒲州(均属山西省),是唐代一位多才多艺的大诗人。所作山水景物诗,尤其清新自然,富有美感。被宋代大诗人苏轼称作"诗中有画,画中有诗"。

这首诗写诗人在重阳节思念亲人的感情。诗的前两句直抒思情,"每逢佳节倍思亲"更富有哲理的意味。诗的后两句是曲说自己的思情,不写自己的情况,而想象兄弟一起登高,不直说我忆兄弟或兄弟忆我,而用兄弟一起插茱萸时独独少掉我一人,来衬托离情。全诗语言平易,感情深沉,是唐诗中的名篇。

①九月九日,中国农历九月九日是重阳节。山东,指华山以东的地区。②倍,加倍。③遥知,料想遥远的对方。④茱萸,一种有香味的植物。古代风俗,在重阳日登高,并把茱萸插在头上或身上,据说可以祛除病邪。

22 鹿　柴①
LU ZHAI

王　维
Wáng Wéi

空　山　不　见　人，
Kōng shān bú jiàn rén,

但　闻　人　语　响。
Dàn wén rén yǔ xiǎng.

返　景　入　深　林②，
Fǎn jǐng rù shēnlín,

复　照　青　苔　上。
Fù zhào qīngtái shàng.

　　这首诗是王维后期山水诗代表作。先写空山杳无人迹，偶而传来一阵人语声。人语响过，空山复归于万籁俱寂。局部的、暂时的"响"，反衬出全局的、长久的空寂。再写深林本来幽暗，但有一线光亮映照在青苔上。这一抹余晖与无边的幽暗形成强烈的对比；但余晖转瞬逝去，留下的仍是漫长的深林幽暗。前两句以有声反衬空寂，后两句用光亮反衬幽暗。全诗写鹿柴附近的空山深林在傍晚时分的幽静景色，体现出诗、画、乐三结合的特点。

　　①鹿柴，王维在辋川别墅所在地的地名。②返景，景同"影"，落日的返照。

23 相思
XIANG SI

王 维
Wáng Wéi

红豆 生 南国①,
Hóngdòu shēng Nánguó,

春 来 发 几 枝?
Chūn lái fā jǐ zhī?

愿 君 多 采撷②,
Yuàn jūn duō cǎixié,

此 物 最 相思。
Cǐ wù zuì xiāngsī.

  这首诗通过红豆这一富于情味的事物表达相思之情。全诗句句不离红豆,句句关系情思。委婉含蓄,而又明快浅近,是一首流传甚广的好诗。
  ①红豆,红豆树、海红豆及相思子等植物种子的统称。朱红色,产于南方。古人常用以象征爱情或相思。南国,南方。②撷,摘下。

24 送元二使安西①
SONG YUAN ER SHI ANXI

王　　维
Wáng　Wéi

渭城　朝雨浥轻尘②,
Wèichéng zhāo yǔ yì qīng chén,

客舍青青柳色新③。
Kèshè qīngqīng liǔ sè xīn.

劝君更尽一杯酒,
Quàn jūn gèng jìn yì bēi jiǔ,

西出阳关无故人④。
Xī chū Yángguān wú gùrén.

　　这首诗写送别友人出使边地安西。前两句点出送别的时间、地点和环境,后两句是送别者的话。全诗有景有情,语言恳挚,深切动人,后来被编入乐府,一题作《渭城曲》,成为最流行、传唱最久的歌曲。又因其末句反复叠唱,故又称《阳关三叠》。

　　①元二,何人不详。仅知其排行为老二。安西,今新疆维吾尔自治区库车附近。唐代安西都护府治所。②渭城,秦时咸阳,汉代改称渭城。今西安市西北,渭水之北。浥,润湿。③客舍,旅舍。④阳关,故址在今甘肃敦煌县西南;因在玉门关之南,故称阳关。

25 出 塞①
CHU SAI

(唐) 王 昌 龄
(Táng) Wáng Chānglíng

秦 时 明 月 汉 时 关②,
Qín shí míngyuè Hàn shí guān,

万 里 长 征 人 未 还。
Wàn lǐ chángzhēng rén wèi huán.

但 使 龙 城 飞 将 在③,
Dàn shǐ Lóngchéng fēijiàng zài,

不 教 胡 马 度 阴 山④。
Bú jiào hú mǎ dù Yīnshān.

王昌龄(约698—约756),字少伯,京兆长安(今陕西西安)人,一作太原人。是唐代开元年间的著名诗人。他的七绝写得最好,可与李白媲美。这首诗就称得上是唐诗中的佳品。本诗写戍守边疆的战士,仰看明月和关塞,想起自古以来,在边疆上发生过无数次战争,牺牲了许多英勇卫国的战士。现在守卫在边疆的战士,也因为战事不断而没有归期,因而急切盼望着能有一位象汉代李广那样机智勇敢的将军,率领他们击退敌人的侵犯,尽早结束战争,保证国家边境的安宁。全诗不仅从反面指责了当时守边将领们的庸懦无能,也反映出战士们爱国抗敌和向往和平的心情。

①出塞,乐府旧题。古代军歌的一种名称。塞,边界。②秦时二句,秦汉以来设关防范匈奴入侵,明月临关的景象代代如此,但边患仍不止息。③龙城飞将,威震龙城的飞将军,指汉代的李广。④教,使。胡马,胡人的骑兵。阴山,横亘于今内蒙古自治区南境与内兴安岭相接的山脉。

26 芙蓉楼送
FURONGLOU SONG
辛 渐①
XIN JIAN

王 昌 龄
Wáng Chānglíng

寒雨 连 江 夜 入 吴②,
Hányǔ lián jiāng yè rù Wú,

平明 送 客 楚山 孤。
Píngmíng sòng kè Chǔshān gū.

洛阳 亲友 如 相 问,
Luòyáng qīnyǒu rú xiāng wèn,

一 片 冰心 在 玉壶③。
Yí piàn bīngxīn zài yùhú.

这首诗写诗人在寒雨中乘江船来到吴地,已是夜晚了。第二天清早在孤独的楚山下,送友人远行。他请友人捎话:洛阳的亲友如果问起我,请告诉他们,我的心正象玉壶里的一片冰一样。全诗构思精巧,余韵无穷,最后一句用玉壶里的冰来比喻自己高洁清白的品格,更使人感到意境深远,耐人寻味。

①芙蓉楼,在今江苏镇江市,是当时面临长江的北门城楼。辛渐,王昌龄的朋友。②吴,即吴地,现江浙一带。③"一片"句,语出鲍照诗句:"清如玉壶冰",喻清白高洁的品格,或喻为官廉洁清正。

27 静 夜 思
JING YE SI

（唐）李白
(Táng) Lǐ Bái

床 前 明月 光,
Chuáng qián míngyuè guāng,

疑 是 地 上 霜。
Yí shì dì shàng shuāng.

举头 望 明月,
Jǔ tóu wàng míngyuè,

低 头 思 故乡。
Dī tóu sī gùxiāng.

李白(701—762),字太白,号青莲居士,祖籍陇西成纪(今甘肃秦安东)。唐代伟大的浪漫主义诗人。他的诗题材广泛,内容丰富,风格豪放飘逸,想象奇特,色彩鲜明,音调高昂,语言朴素自然,艺术上有特殊成就。

这首诗写诗人在明月如霜的秋夜,因思念故乡,深夜不寐,而迷离恍惚的心情。全诗用极其浅近的语言,抒写了深沉的思乡之情。

28 秋浦歌①(其十五)
QIUPU GE

李 白
Lǐ Bái

白发 三千 丈,
Báifà sānqiān zhàng,

缘 愁似个长②。
Yuán chóu sì gè cháng.

不知 明镜 里,
Bù zhī míngjìng lǐ,

何处 得秋霜③。
Héchù dé qiūshuāng.

    李白写这首诗的时候已五十多岁了,壮志未酬,人已衰老,揽镜自照,更觉触目惊心,因而用"白发三千丈"的夸张手法,宣泄自己的怨愤之情,抒发诗人心中的不平。

    ①秋浦,地名。今安徽贵池县。秋浦歌是作者在秋浦时作的诗,共十七首。②缘,因为。个,这样。③秋霜,喻白发。

29. 黄鹤楼送孟浩然之广陵①
HUANGHELOU SONG MENG HAORAN ZHI GUANGLING

李白
Lǐ Bái

故人西辞黄鹤楼②,
Gùrén xī cí Huánghèlóu,

烟花三月下扬州③。
Yānhuā Sānyuè xià Yángzhōu.

孤帆远影碧空尽④,
Gūfān yuǎnyǐng bìkōng jìn,

惟见长江天际流⑤。
Wéi jiàn Chángjiāng tiānjì liú.

这首诗写两位大诗人的离别之情。因为他们所处的时代是繁荣的盛唐,又是从著名的黄鹤楼到烟花如锦的扬州,所以这首离别诗,不但没有伤感的情绪,反而充满了令人神驰的诗情画意。

诗的大意是:春光灿烂,知心朋友扬帆起程,诗人站在楼上,凝望孤帆渐渐远去,直到它完全隐没在青天绿水之中。最后只见滚滚江水流向天边,诗人的感情也随着江流而起伏。最后两句在迷人的景观中,寄托着诗人对朋友的深厚而炽热之情。

①黄鹤楼,著名江南楼阁。在今湖北武汉市。广陵,今江苏扬州市。②西辞,因黄鹤楼在广陵之西,所以说西辞。③烟花,指春天浓丽的景色。④碧空尽,消失在蓝色的天空中。⑤惟见,只见。天际,天边。

30 望 庐山 瀑布①
WANG LUSHAN PUBU

李 白
Lǐ Bái

日照 香炉 生 紫烟②,
Rì zhào Xiānglú shēng zǐ yān,

遥看 瀑布 挂 前川③。
Yáokàn pùbù guà qiánchuān.

飞流 直下 三千 尺④,
Fēiliú zhí xià sānqiān chǐ,

疑是 银河 落 九天⑤。
Yí shì Yínhé luò jiǔtiān.

　　这首诗写庐山香炉峰升起冉冉白烟,缥渺青山蓝天之间,但在红日照射下有时变成一片紫色的烟雾。一道瀑布像一条巨大的白练高挂于山川之间,银光闪闪,气势磅礴,与紫烟相映生辉,使人目眩神奇,几乎怀疑是天上的银河泻落下来。全诗运用新奇的夸张和联想,反差强烈的鲜艳色彩,描绘了庐山瀑布的壮观。

　　①庐山,中国名胜,在今江西九江市南。②香炉,香炉峰,庐山西北部一座高峰。③挂前川,挂在前面水面上。④三千尺,形容瀑布之高,并非实指。⑤九天,中国古代传说天有九重,九天是最高的一层。

31 早发白帝城①
ZAO FA BAIDI CHENG

李白
Li Bái

朝辞白帝彩云间②,
Zhāo cí Báidì cǎiyún jiān,

千里江陵一日还③。
Qiān lǐ Jiānglíng yí rì huán.

两岸猿声啼不住,
Liǎng àn yuán shēng tí bú zhù,

轻舟已过万重山。
Qīngzhōu yǐ guò wàn chóng shān.

　　唐肃宗乾元二年(759)春天,李白因肃宗的兄弟永王李璘叛乱案的牵累,被流放夜郎,取道四川赴贬地。行至白帝城,忽闻赦书,惊喜交加,立即乘舟下江陵。这首诗写诗人当时喜悦畅快的心情。

　　全诗写诗人早晨告别地势高峻的白帝城,晚上就到了千里以外的江陵,一个"还"字,仿佛是回乡一样。春天水涨,江浪滚滚,顺流而下,船行若飞,在两岸"啼不住"的猿声中,越过万重山峦,一个"轻"字,表达出诗人的喜悦心情和豪迈壮志。

　　①发,出发。白帝城,故城在今四川奉节县东白帝山上。②朝辞,早上辞别。彩云间,白帝山很高,耸立在彩色缤纷的朝霞里。③江陵,今湖北江陵县,与白帝城相距约一千二百里,中间要经过形势险要的三峡。

32 凉州词
LIANGZHOU CI

（唐） 王 翰
(Táng) Wáng Hàn

葡萄 美酒 夜光杯①，
Pútao měijiǔ yèguāngbēi,

欲饮琵琶马 上 催②。
Yù yǐn pípa mǎ shàng cuī.

醉卧 沙场 君莫笑③，
Zuì wò shāchǎng jūn mò xiào,

古来 征战 几人回？
Gǔ lái zhēngzhàn jǐ rén huí?

王翰，又名王澣，字子羽。晋阳（今山西太原）人，恃才不羁，行为狂放。

这首诗写边塞将士战罢回营，设酒庆贺的场面。意思是将士们举起酒杯痛饮，军乐琵琶也奏起来了。用以表示不要笑我们会醉卧沙场，要知道上了战场的人就是九死一生，痛饮大醉也是情理所容。全诗语言明快，节奏跳宕。

①夜光杯，这里指精致的酒杯。②催，催饮。③沙场，战场。

33 营 州 歌①
YINGZHOU GE

（唐）高 适
(Táng) Gāo Shì

营州　少年　厌原野②，
Yíngzhōu shàonián yàn yuányě,

狐裘　蒙茸　猎城下③。
Húqiú méngróng liè chéngxià.

虏酒千　钟　不醉人④，
Lǔ jiǔ qiān zhōng bú zuì rén,

胡儿十岁能骑马。
Hú'ér shísuì néng qí mǎ.

高适（702?—765），字达夫，渤海蓨（今河北景县南）人。边塞诗与岑参齐名。

这首诗写中国东北地区少数民族青年的精神风貌，赞美他们自幼奔驰原野，从事游猎，富有豪迈尚武的精神。

①营州，唐代东北重镇，开元后设平卢节度使，统辖今河北省长城以北及辽河以东一带，是汉族与契丹族杂居的地方。②厌同"餍"，饱。这里意思是饱经、熟悉、习惯于。③蒙茸，即"蒙戎"，纷乱的样子。④"虏酒"句，是说东北少数民族的酒薄，虽饮千杯也不醉人。同时也表现营州少年的豪爽气概。

34 逢 雪 宿 芙 蓉
FENG XUE SU FURONG

山　　主人①
SHAN ZHUREN

（唐）　刘　　长卿
(Táng)　Liú　Chángqīng

日暮　苍山　远，
Rì mù cāngshān yuǎn,

天寒　白屋　贫②。
Tiānhán báiwū pín.

柴门　闻犬　吠，
Cháimén wén quǎn fèi,

风雪　夜归人。
Fēngxuě yè guī rén.

　　刘长卿（709—约780），字文房，河间（今属河北省）人，是唐代深受王维、孟浩然影响的诗人。诗多写政治失意之感，也有反映离乱之作，善于描写自然景物。
　　这首诗写诗人在雪夜投宿山村的情景。首句写诗人在山路上行进的感受，点明时间；次句写诗人投宿山村人家后所见，点明地点。后两句写诗人在风雪之夜寄居山村所闻，用犬吠人归的声响反衬万籁俱寂的山村。每句诗都构成一个画面，每个画面又彼此相连，"风雪夜归人"是唐诗中的佳句。

　　①芙蓉山，山名。主人，指所投宿的人家。②白屋，穷苦人家的住所，房顶用白茅覆盖。

35 绝 句
JUE JU

（唐） 杜 甫
(Táng) Dù Fǔ

两 个 黄 鹂 鸣 翠 柳①,
Liǎng ge huánglí míng cuìliǔ,

一 行 白 鹭 上 青 天。
Yì háng báilù shàng qīngtiān.

窗 含 西 岭 千 秋 雪②,
Chuāng hán Xīlǐng qiānqiū xuě,

门 泊 东 吴 万 里 船③。
Mén bó Dōng Wú wànlǐ chuán.

　　杜甫(712—770),字子美,诗中尝自称少陵野老。原籍襄阳,后迁居巩县(今属河南)。他是唐代伟大的现实主义诗人,和李白齐名,代表着唐代诗歌的两大高峰。由于杜甫的诗深刻反映了当时的社会矛盾,表达了人民的某些呼声,因而被人们称作"诗圣",他的诗被视为"诗史"。

　　这首诗是杜甫客居四川成都时,写他的居地草堂附近的景色。近听,有黄莺双双在绿柳枝上啼唱;远看,一行白鹭正飞向蓝天。西边是巍峨积雪的岷山;门前停泊着来自万里外的东吴船只。画面真切动人,景色优美壮阔。

　　①黄鹂,黄莺。②窗含,从窗子里可以看到的意思。西岭,指成都西面的岷山。千秋雪,千年的积雪。③东吴,长江下游,江、浙一带。万里,泛指成都到东吴的路程。

36 江畔独步
JIANG PAN DU BU
寻花①
XUN HUA

杜甫
Dù Fǔ

黄四娘家花满蹊②,
Huáng Sìniáng jiā huā mǎn xī,

千朵万朵压枝低。
Qiān duǒ wàn duǒ yā zhī dī.

留连戏蝶时时舞③,
Liúlián xì dié shíshí wǔ,

自在娇莺恰恰啼。
Zìzài jiāoyīng qiàqià tí.

　　这首诗写诗人在江畔黄四娘家赏春;百花齐放,蝴蝶飞舞,黄莺啼鸣,使人留连忘返,乐不可支。全诗声调和谐,气氛活跃,读来令人陶醉。
　　①江畔,江边。独步,独自散步。②黄四娘,杜甫邻居。蹊,小路。③留连,舍不得离开的样子。戏蝶,在游戏的蝴蝶。

37 绝句二首 (其一)
JUE JU ER SHOU

杜 甫
Dù Fǔ

迟日江山丽①,
Chí rì jiāngshān lì,

春风花草香。
Chūnfēng huā cǎo xiāng.

泥融飞燕子,
Ní róng fēi yànzi,

沙暖睡鸳鸯。
Shā nuǎn shuì yuānyāng.

这是一首描写绚丽春色的小诗。既有概括的描写:阳光灿烂,暖风和煦,百花芳香。也有特写镜头:一则是泥融土湿,秋去春归的燕子正衔泥筑巢,飞来飞去;一则是日丽沙暖,鸳鸯在溪边的沙洲上静睡不动。全诗远近相间,动静结合,写出了生机勃勃的烂漫春光。

①迟日,春天的太阳。

38 春望
CHUN WANG

杜 甫
Dù Fú

国破山河在,
Guó pò shānhé zài,

城 春 草木 深①。
Chéng chūn cǎomù shēn.

感时花溅泪,
Gǎn shí huā jiàn lèi,

恨别鸟惊心②。
Hèn bié niǎo jīng xīn.

烽火 连 三 月③,
Fēnghuǒ lián sān yuè,

家书抵万金④。
Jiāshū dǐ wàn jīn.

白头 搔 更 短⑤,

Báitóu sāo gèng duǎn,

浑 欲不 胜 簪⑥。

Hún yù bú shèng zān.

这是一首抒写诗人美好情操的诗。前四句写春城破败的荒凉景象，后四句写诗人心系家人的思念之情。全诗真切地表达了杜甫热爱祖国、热爱亲人的高尚品德。

①国破二句，是杜甫在唐肃宗至德二年（757），住在沦陷的长安的第二年春天所见的景象。②感时二句，感伤国事，见花开反而使人流泪；恨与家人久别，闻鸟鸣反而使人惊心。③连三月句，形容战火不断，绵延了很久。④抵，值。⑤白头，白发。搔，抓挠。⑥浑，简直。不胜簪，是说白发稀疏，不能插发簪了。簪，首饰，束发于头顶时，用簪横插住，防止散开。

39 江南逢李龟年①
JIANGNAN FENG LI GUINIAN

杜 甫
Dù Fǔ

岐王宅里寻常见②,
Qíwáng zháilǐ xúncháng jiàn,

崔九堂前几度闻③。
Cuī Jiǔ tángqián jǐdù wén.

正是江南好风景,
Zhèngshì Jiāngnán hǎo fēngjǐng,

落花时节又逢君。
Luò huā shíjié yòu féng jūn.

这首诗,写唐代两位流落异乡的著名艺术家在落花时节意外重逢于江南。曲折地反映出国家的治乱兴衰和个人的升沉哀乐。前两句写过去之盛,后两句写今日之衰。在看似平淡的诗句中寄托着作者深沉的感慨。

①江南,这里指今湖南省长江、湘水一带地区。李龟年,当时著名的歌唱家。安史之乱前,深受唐玄宗宠爱。安史之乱后,流落江南。大历五年(770)杜甫在长沙和他重逢。②岐王,唐玄宗弟李范。③崔九,殿中监崔涤。杜甫少年时代在洛阳,以其出众的才华受到名流的重视,因此常在岐王府、崔九堂前,欣赏李龟年的歌唱。

40 登 高①
DENG GAO

杜 甫
Dù Fǔ

风 急 天 高 猿 啸 哀,
Fēng jí tiān gāo yuán xiào āi,

渚 清 沙 白 鸟 飞 回②。
Zhǔ qīng shā bái niǎo fēi huí.

无 边 落 木 萧 萧 下③,
Wú biān luò mù xiāoxiāo xià,

不 尽 长 江 滚 滚 来。
Bú jìn Cháng Jiāng gǔngǔn lái.

万 里 悲 秋 常 作 客,
Wànlǐ bēi qiū cháng zuò kè,

百 年 多 病 独 登 台④。
Bǎi nián duō bìng dú dēng tái.

艰难 苦恨繁 霜 鬓⑤,
Jiānnán kǔ hèn fán shuāng bìn,

潦倒 新停浊 酒 杯⑥。
Liáodǎo xīn tíng zhuó jiǔ bēi.

这首诗写诗人登高所见秋江景色,并借景寓情,倾诉自己常年漂泊、老病多愁的感慨。前四句是写景,后四句是抒情。景情互为映衬,悲秋之慨一脉贯注,且句句对仗,自然妥贴,毫无琢刻求工的痕迹,被称为古今七律中的第一首。

①登高,约写于大历二年(767)秋,当时杜甫在夔州。②渚,水中小洲。③落木,落叶。④百年,指人的一生。⑤繁,多。霜鬓,头发白。这句意思是生活艰难,徒恨白发增多。⑥潦倒句,穷愁潦倒,最近连酒也停喝了。当时杜甫因患肺病而戒酒。

41 逢入京使
FENG RU JING SHI

（唐）岑参
(Táng) Cén Shēn

故园　东　望　路漫漫①,
Gùyuán dōng wàng lù mànmàn,

双　袖　龙钟　泪不干②。
Shuāng xiù lóngzhōng lèi bù gān.

马上　相逢无纸笔,
Mǎ shàng xiāng féng wú zhǐ bǐ,

凭君　传语报平安。
Píng jūn chuán yǔ bào píng'ān.

岑参（约715—770）南阳（今河南省）人,是唐代边塞诗派的杰出代表。

这首诗写诗人赴边塞途中,遇见回京述职的旧相识,就托他捎个口信,给居住在长安的亲属报个平安。全诗信口写来,语言平易,感情真挚,充分表达了诗人无限眷念长安亲人的深情。

①故园,这里指在长安的自己的家。②龙钟,这里有淋漓沾湿的意思。

42 寒 食
HANSHI

（唐） 韩 翃
(Táng) Hán Hóng

春城 无处不飞花,
Chūnchéng wú chù bù fēi huā,

寒食 东风 御柳 斜②。
Hánshí dōngfēng yùliǔ xié.

日暮 汉宫 传 蜡烛③,
Rì mù Hàngōng chuán làzhú,

轻烟 散入 五侯 家④。
Qīngyān sànrù wǔhóu jiā.

韩翃字君平，南阳（今属河南）人，是唐玄宗天宝末年的进士，唐德宗时担任起草诏书的工作。

这首诗描写唐代京都长安寒食节的春天景物。前两句概括充满春意的皇城风光，后两句专写皇帝和贵族们的传统特权。

按唐代习俗，每逢寒食节，普天下一律禁火，除非得到皇帝许可，才能例外。诗的三、四句写家家禁火时，只有皇宫中的蜡烛，被逐个送入宠臣贵族之家。因此，这首诗的政治讽刺意味也很明显。

①寒食，节令名。每年清明前一日。这一天大家都不烧火，只吃冷菜冷饭，叫做寒食，又名禁火或禁烟。据说这种风俗起源于纪念春秋时一位晋国隐士介之推。②御柳，指宫廷周围的柳树。③汉宫，即唐代宫廷。以汉喻唐是唐代诗人的习惯。传蜡烛，指皇帝指令使臣，以新火赐与近臣。传，表明挨家挨户地赏赐。④五侯，史称东汉外戚梁冀等五人为"梁氏五侯"。亦称东汉桓帝宦官单超等五人为"五侯"。这里是讽刺唐朝最高统治者皇帝，连赐火这样一件小事，也只给予皇帝周围的宠臣。

43 滁州 西涧①
CHUZHOU XIJIAN

（唐） 韦 应 物
(Táng) Wěi Yīngwù

独 怜 幽草 涧边 生②,
Dú lián yōucǎo jiànbiān shēng,

上 有 黄鹂 深树 鸣③。
Shàng yǒu huánglí shēnshù míng.

春潮 带雨 晚 来 急④,
Chūncháo dài yǔ wǎn lái jí,

野渡 无 人 舟 自 横⑤。
Yě dù wú rén zhōu zì héng.

韦应物（737—约790），京兆长安（今陕西西安）人。中唐诗人。做过苏州刺史。他主张改革政治但又无能为力。他的诗中常流露出关心民间疾苦的情绪，但更多的是山水田园之作。

这是一首山水诗名篇，写于诗人出任滁州刺史期间。前两句是春游西涧赏景，写诗人在春天景物中，独爱涧边寂寞的小草，而无意于树上鸣叫的黄莺。后两句写春雨晚潮，水势更急，荒郊渡口，空无一人，只见没有系住的船，横在急水中。全诗以情写景，借景抒情，既描写了客观景物，又寄托了"扁舟不系与心同"的思想，表示自己意欲摆脱凡俗，追求道家清静自然的高雅情趣。

①滁州，地名，今安徽滁县。西涧在滁州城西郊。②独怜，特别爱怜。怜，即爱的意思。③深树鸣，在枝叶茂盛的树木深处鸣叫。④此句说：春天潮水本来就在涨，一下雨，潮水涨得更急了。⑤此句意思：在那荒野的渡口，没人渡河，所以没有系住的船也悠闲地独自横在水面上。

44 枫桥夜泊①
FENGQIAO YE BO

(唐) 张继
(Táng) Zhāng Jì

月落乌啼霜满天②,
Yuè luò wū tí shuāng mǎn tiān,

江枫渔火对愁眠③。
Jiāng fēng yúhuǒ duì chóu mián.

姑苏城外寒山寺④,
Gūsū chéng wài Hánshānsì,

夜半钟声到客船。
Yè bàn zhōngshēng dào kè chuán.

张继,字懿孙,襄州(今湖北襄樊附近)人。公元753年考中进士。《全唐诗》存其诗四十余首,诗风清迥。

这首诗描写秋夜江边的优美风景和旅客的寂寞心情。前两句写出寒夜舟中旅客含愁不眠的景象,后两句写夜半人静,钟声显得更加响亮。悠扬的钟声不仅反衬了秋夜江边的幽静,而且更增添了羁旅者的愁思。

①枫桥,在今江苏省苏州市阊门外。夜泊,夜里把船停泊在岸边。②乌啼,乌鸦啼叫。③江枫,江边枫树。渔火,渔船上的灯火。愁眠,指自己怀着旅客的愁思睡在船上。④姑苏,苏州市西南有姑苏山,因此苏州也称为姑苏城。寒山寺,在苏州西面,枫桥附近。

45 游子吟
YOU ZI YIN

（唐） 孟 郊
(Táng) Mèng Jiāo

慈母 手 中 线,
Címǔ shǒu zhōng xiàn,

游子 身 上 衣。
Yóuzǐ shēn shàng yī.

临 行密密缝,
Lín xíng mìmì féng,

意 恐 迟迟 归②。
Yì kǒng chíchí guī.

谁 言 寸 草 心③,
Shuí yán cùn cǎo xīn,

报 得 三 春 晖④。
Bào dé sān chūn huī.

孟郊（751—814）字东野，湖州武康（今浙江德清县）人，是唐代著名的苦吟诗人，一生穷困潦倒，直到五十岁时才得到一个溧阳县尉的小官。他作诗态度严肃，用字造句力避平庸浅率，在当时诗坛上称得上是一位别开蹊径和独具风格的诗人。

这首诗吸取民歌优点，用白描的手法和通俗的语言描写母亲对儿女无微不至的关怀。开头两句就从人到物，突出了两件最普通的东西——线和衣，写出了母子相依为命的骨肉之情。三、四句具体描写慈母爱子之心，针针线线缝进了老人盼儿早些平安归来的深情。最后两句，通过阳光养育小草的形象比喻，说明游子对母亲的深厚慈爱是永远报答不尽的。

①游子，在外作客的人。吟，诗歌的一种名称，与"歌"、"曲"差不多。②这两句说母亲恐怕儿子要在外面耽搁很久，所以把衣服缝得密密的，不易穿破。③寸草，小草。这里用来比喻游子。④三春晖，春天三月的阳光，这里用来比喻慈母的恩情。这两句说：谁说短短的小草能报答春天的阳光给它的恩情呢？

江 南 曲
JIANGNAN QU

（唐） 李 益
(Táng) Lǐ Yì

嫁得 瞿塘 贾①,
Jiàdé Qútáng gǔ,

朝朝 误妾 期②。
Zhāozhāo wù qiè qī.

早 知 潮 有 信,
Zǎo zhī cháo yǒu xìn,

嫁于 弄 潮 儿③。
Jià yú nòng cháo ér.

李益（748—827）字君虞，陇西姑臧（今甘肃武威）人，大历进士，官至礼部尚书。其诗音律和美，绝句尤工，为当时乐工所乐于传唱。

这是一首闺怨诗。以白描手法写出一位商人妇的心声。唐代商业发达，长年在外经商的人日见增多，作为商人的妻子不免要抱怨丈夫的无信，使自己过着孤单寂寞的生活。诗的前两句讲嫁给瞿塘商人的少妇抱怨丈夫的无信，这是一个可悲可叹的事实。后两句说：这位少妇忽然想到，早知道潮水有信，还不如嫁给弄潮的人。尽管弄潮儿地位低微，生活贫穷，但每次潮涨潮落是准时的，弄潮的人也一定会准时地到来，远比豪富巨商强。全诗风格简朴，大胆真切地表达少妇独守空房的怨忿。

①瞿塘，瞿塘峡，长江三峡之一。贾，商人。②朝朝，天天。误妾期，失信于妻子。③弄潮儿，吴越间，有弄潮为乐的风俗。每年八月半大潮至，识水性的青年人手持红旗，出没波涛，以旗不湿者为优胜。

47 春　怨
CHUN YUAN

（唐）　金　昌绪
(Táng)　Jīn Chāngxù

打起 黄莺儿,
Dǎ qǐ huángyīng'ér,

莫 教 枝 上 啼①。
Mò jiào zhī shàng tí.

啼时 惊妾 梦②,
Tí shí jīng qiè mèng,

不得到 辽 西③。
Bù dé dào Liáo xī.

金昌绪，浙江余杭人。《全唐诗》存其诗仅一首。

这是一首怨妇诗。语言生动活泼，具有民歌色彩。黄莺儿是春天的候鸟，也是春的象征，它的一声啼叫，意味春天的来临。可诗中的怨妇却要打走黄莺儿，不让它在枝上唧唧啼叫。怕黄莺儿的叫声会打断她的美梦。原来她要做一个去辽西的美梦，若没有梦到辽西就醒过来，岂不是见不到自己远征在那里的丈夫了。

本诗语言精练、形象鲜明，情意真实动人。

①莫，不要。全句是说：不要黄莺在树上啼叫。②得，能。辽西，辽河以西，今辽宁西部。是征人出征的地方。

48 题都城南庄①
TI DUCHENG NANZHUANG

（唐）崔护
(Táng) Cuī Hù

去年今日此门中，
Qùnián jīnrì cǐ mén zhōng,

人面桃花相映红。
Rénmiàn táohuā xiāng yìng hóng.

人面不知何处去，
Rénmiàn bù zhī hé chù qù,

桃花依旧笑春风。
Táohuā yījiù xiào chūnfēng.

　　崔护,字殷功,博陵(今河北定县)人。贞元进士,曾做岭南节度使。

　　本诗和一则美丽的爱情故事有关。据说,崔护考进士落选,清明日独游都城南,在庄上一所桃花相映的小屋门口,遇见一位含情脉脉的少女,人面桃花相映,显得更为美丽,他和姑娘相互爱慕之情油然而生。第二年又是桃花盛开之时,崔护思念少女,又到那儿寻找:门墙、桃花依旧,美丽的少女却不知去向了,只有门前盛开的桃花似乎正在春风中笑他的痴情。

　　①都城,指长安。都城南庄,在都城南郊的一个村庄。

49 赋得古原草送别①
FUDE GU YUAN CAO SONGBIE

（唐）　白居易
(Táng)　Bái Jūyì

离离原上草②,
Lílí yuán shàng cǎo,

一岁一枯荣③。
Yí suì yì kū róng.

野火烧不尽,
Yě huǒ shāo bú jìn,

春风吹又生④。
Chūnfēng chuī yòu shēng.

远芳侵古道⑤,
Yuǎn fāng qīn gǔdào,

晴翠接荒城⑥。
Qíng cuì jiē huāngchéng.

又送王孙去,
Yòu sòng wáng sūn qù,

萋萋满别情⑦。
Qīqī mǎn bié qíng.

白居易（772—846），字乐天，晚年号香山居士，下邽（今陕西渭南县）人。中唐时期的大诗人。在文学上他主张"文章合为时而著，诗歌合为事而作。"其诗歌语言通俗易懂。

本诗传说是白居易十六岁那年入京应考时所作的命题作文。题目是《古原草》。"赋得"就是要根据指定的题目写诗。前两句写了古原上的野草，春荣秋枯，年年循环不已。三、四句作者笔锋一转，造就了一种壮烈的意境，野火虽烈，可以把大片枯草全部烧光，然而一旦春风吹来，野草还会迅猛地重新生长，有着顽强的生命力。因为它能"又生"，所以说是"烧不尽"的。这两句是历来为人们称赞的名句，语言朴实有力，含意深刻，充满人生哲理。五、六两句把咏草和送别融合起来扩大了境界，有"天涯何处无芳草"之意，最后写诗人的离情别绪，也正如萋萋野草一样绵延不绝。

①赋得，根据指定的题目写诗。这首诗指定的题目是"古原草"，所以全诗就用古原上的野草作为主要内容来表达离情别绪。原，原野。②离离，长而下垂的样子。这句意思是野草长满了整个原野。③荣，茂盛。这句是说野草每年都枯萎一次又繁茂一次。④这两句说冬天草枯黄了的时候，虽然野火可以把它的茎叶烧掉，但它埋在泥里的根还活着，春风一吹便又长起来了。⑤远芳，伸向远方的一片野草。侵，侵占。侵古道，长满了古道。⑥这句意思是，晴天阳光下一片鲜绿色接连着荒城。⑦这两句是用《楚辞：招隐士》"王孙游兮不归，春草生兮萋萋"的典故。王孙，贵族。这里指自己送别的朋友。萋萋，草茂盛的样子。

忆 江 南
YI JIANGNAN

白 居易
Bái Jūyì

江南　好,
Jiāngnán hǎo,

风景　旧 曾 谙①。
Fēngjǐng jiù céng ān.

日 出 江花　红 胜 火②,
Rì chū jiānghuā hóng shèng huǒ,

春　来　江水　绿 如 蓝③,
Chūn lái jiāngshuǐ lǜ rú lán,

能　不忆　江南④?
Néng bú yì Jiāngnán?

江南　忆,
Jiāngnán yì,

最 忆 是 杭州。
Zuì yì shì Hángzhōu.

山 寺　月 中　寻 桂子⑤,
Shānsì yuè zhōng xún guìzǐ,

郡亭　枕　上　看 潮头⑥,
Jùntíng zhěn shàng kàn cháotóu,

何日得 重 游？
Hé rì dé chóng yóu?

白居易曾在江南名城杭州、苏州两地做过地方官。这首诗是他67岁时回到北方后作成，共三首，选一、二首。

第一首写江南春景，以作者亲身体会，写出了江南明媚的春光。三、四句把江花与江水联系起来，"红胜火""绿如蓝"相互映衬，以绚丽鲜艳的色彩对比，有力地说明了作者不能不"忆江南"的理由。

第二首写杭州——是最叫人留恋的地方。三、四句写出了"最忆是杭州"的原因。如果说"山寺月中寻桂子"，描写天竺寺里秋月朗照，诗人徘徊月下，寻找那从月亮上落下来的桂花，是传说中的故事的话，那么第四句的"郡亭枕上看潮头"却是现实中的胜景。看来，"浙江潮"和"月中桂"这杭州景物中最有代表性的东西，已经在诗人的心中留下最深刻的印象。最后发出了何时才能重游的感叹，寄托了诗人希望能把记忆变为现实的美好愿望。

①谙，熟悉。这句说自己过去曾经熟悉江南的风景。②红胜火，颜色红得胜过火。这句说在阳光照耀下，江边的花比火还要红艳。蓝，用蓝草制成的颜料，也叫靛青。这句说春天江中的水绿得象靛青一样美。④能不忆，怎么能够不忆。⑤山寺，指天竺寺。桂子，桂花。⑥郡亭，指杭州的亭子。潮头，指钱江潮。

51 锄 禾①
CHU HE

（唐）李 绅
(Táng) Lǐ Shēn

锄 禾 日 当 午②,
Chú hé rì dāng wǔ,

汗 滴 禾 下 土③。
Hàn dī hé xià tǔ.

谁 知 盘 中 餐④,
Shuí zhī pán zhōng cān,

粒粒 皆 辛苦。
Lìlì jiē xīnkǔ.

　　李绅（780？—846）润州无锡（现属江苏省）人。中唐新乐府运动的倡导者之一。与元稹，白居易交游甚密。作有《乐府新题》二十首，已失传。

　　这首诗说明粮食来之不易。诗歌概括了农民不避严寒酷暑，雨雪风霜，终年辛勤劳动的生活。通过简洁、生动、形象的语言，说明了必须珍惜劳动果实这个道理。

　　①锄禾，在田里给禾苗锄草。禾，禾苗。②日当午，太阳正在正中的时候，指中午，是一天中最热的时候。③这句说中午的太阳晒得火辣辣的，锄草人的汗珠滴在禾苗下的泥土里。④餐，指饭。

52 竹枝词
ZHU ZHI CI

（唐） 刘禹锡
(Táng) Liú Yǔxī

杨柳 青青 江水 平①,
Yángliǔ qīngqīng jiāngshuǐ píng,

闻 郎 江上 唱歌 声。
Wén láng jiāngshàng chànggē shēng.

东边 日出 西边 雨②,
Dōngbiān rì chū xībiān yǔ,

道 是 无 晴 却 有 晴③。
Dào shì wú qíng què yǒu qíng.

刘禹锡（772—842）字梦得，洛阳人。所作《竹枝词》、《柳枝词》等富有民歌特色，在唐诗中别开生面。

《竹枝词》是巴渝（今四川东部重庆一带）民歌。这首诗摹拟民间情歌的表现形式，写一位沉浸在初恋中的少女的心情。她恋着对方却不能确实知道对方的态度，因此既抱有希望又带着疑虑，既欢喜又担忧。全诗以第一人称的写法，成功地表达了这位初恋少女的微妙复杂的心态，而谐音双关手法的运用更是本诗被广大读者所乐于诵读的原因。

①此句写景，江边垂柳青青，江水平如镜面。②俗话说，春夏雨，隔爿田，即东边太阳很大，西面却在下雨。此句是讲少女所恋的人就象那天气一样捉摸不透。③此句讲少女所爱的人，今天唱着歌从江边走来，似乎对自己是有意思的，就象天气一样原以为无晴，却还是有晴的。这里"晴"与"情"是巧妙的谐音双关。

53 乌衣巷①
WUYIXIANG

刘 禹锡
Liú Yǔxi

朱雀桥边野草花②,
Zhūquèqiáo biān yě cǎo huā,

乌衣巷口夕阳斜③。
Wūyīxiàng kǒu xīyáng xiá.

旧时王谢堂前燕④,
Jiùshí Wáng Xiè tángqián yàn,

飞入寻常百姓家⑤。
Fēi rù xúncháng bǎixìng jiā.

《乌衣巷》是刘禹锡最得意的怀古名篇之一。白居易读后有"掉头苦吟，叹赏良久"之感。前两句写如今乌衣巷的荒凉衰败景象，后两句由今日的荒凉想到从前王导、谢安等人住在这里时的繁荣景象。再从燕子飞入寻常百姓家，说明乌衣巷面貌的巨大变化。本诗通过对自然景物的描绘，突出了今昔对比，抒发了作者抚今伤古的感慨之情。

①乌衣巷，在今南京市东南，秦淮河南面，离朱雀桥很近。这首诗是刘禹锡咏金陵（现南京）五处古迹的《金陵五题》中的一首。②朱雀桥，在今南京市东南，横跨秦淮河，是通往乌衣巷的必经之路。花，作动词用，即"开花"的意思。③这句意思是乌衣巷口只有孤零零的一脉斜阳，斜，古时音 xiá。④旧时，从前。王谢，指东晋的王导和谢安两家，是当时很有势力的大贵族，就居住在乌衣巷内。⑤寻常，普通。这两句是说过去栖息在王谢两家厅堂前的燕子，因为如今高堂大厦没有了，只能飞到普通老百姓家中。

54 春　雪
CHUN XUE

(唐)　韩愈
(Táng)　Hán Yù

新年 都未有芳华①,
Xīnnián dōu wèi yǒu fāng huá,

二月 初惊见草芽②。
Èryuè chū jīng jiàn cǎo yá.

白雪 却嫌春色晚,
Báixuě quèxián chūn sè wǎn,

故 穿 庭树 作飞花③。
Gù chuān tíngshù zuò fēihuā.

韩愈(768—824),世称韩昌黎。他与柳宗元都是古文运动的倡导者,其散文被列为"唐宋八大家"之首,与柳宗元并称"韩柳"。他的诗,力求新奇,对宋诗影响颇大。著有《昌黎先生集》。

这首《春雪》构思新颖,是韩诗中的佼佼者。前两句说新年都还没有看到芬芳的鲜花,直到二月才见到春草萌芽。后两句用拟人手法写白雪等不及春色的姗姗来迟,竟穿树飞花,自己装点出一派春意。全诗变静态为动态,把冷落的初春写成热闹的仲春,是一篇别开生面的佳作。

①华,即花。芳华,芬芳的鲜花。②初,刚刚。惊,惊讶。这句意:二月才刚刚见到小草的嫩芽。流露出诗人久盼的春色终于快来了。③庭,指天井。庭树,院子里的树。这句意:白雪嫌春天来得太晚,故飞飞扬扬落在庭树上,装点春色。

55 江 雪
JIANG XUE

（唐） 柳　宗元
(Táng)　Liǔ Zōngyuán

千　山　鸟　飞　绝①，
Qiān shān niǎo fēi jué,

万　径　人　踪　灭②。
Wàn jìng rén zōng miè.

孤　舟　蓑笠　翁③,
Gū zhōu suōlì wēng,

独　钓　寒江　雪④。
Dú diào hánjiāng xuě.

　　柳宗元（773--819）字子厚，河东（今山西运城县解州镇）人，世称柳河东。因政治斗争中失败，曾被贬为永州（现湖南零陵）刺史，后改任柳州刺史。

　　这是柳宗元的代表作之一，大约作于他谪居永州期间。诗中描写的是在大雪纷飞的江面上，停着一条小船，一个穿蓑衣戴笠帽的老渔翁，独自在寒冷的江上钓鱼。这正显示了渔翁的清高与孤独，而渔翁正是作者本人的形象写照。

　　①绝，绝迹。"鸟飞绝"，是说一只飞鸟也不见。径，道路。②灭，绝。"绝"和"灭"，暗示飞雪之大。此句说路上连人影也不见。③蓑笠翁，身披蓑衣，头戴笠帽的渔翁。④此句意：独自冒着大雪在寒冷的江面上钓鱼。

56 渔 翁
YU WENG

柳　宗元
Liǔ Zōngyuán

渔翁 夜 傍 西岩宿①,
Yúwēng yè bàng Xīyán sù,

晓 汲 清湘 燃楚竹②。
Xiǎo jí qīngxiāng rán chǔzhú.

烟 销 日 出 不 见 人③,
Yān xiāo rì chū bú jiàn rén,

欸乃 一 声 山水 绿④。
Ǎinǎi yì shēng shānshuǐ lǜ.

回 看 天际 下 中流⑤,
Huí kàn tiānjì xià zhōngliú,

岩 上 无 心 云 相 逐⑥。
Yán shàng wú xīn yún xiāng zhú.

全诗描写渔翁独来独往，悠闲自得的生活。也流露出诗人的孤寂情怀。

①西岩，指永州西山。此句说渔翁夜晚宿在西山上。②晓，早上，汲清湘，汲取清澈的湘江水。楚，古称湖南一带为楚地。此句说早上起来汲取湘江的水，点燃起楚地的竹。③烟，朝雾。烟销日出，即朝雾消失，太阳出来。人，指渔翁。④欸乃，摇橹时发生的橹板击水的声音。⑤中流，河流的中央。此句说渔翁划船到中流，回过头来再看山岩上缭绕的白云。⑥此句说，缭绕在山岩上的无心的白云相互追逐。

57 离思五首(其四)
LISI WU SHOU

(唐) 元稹
(Táng) Yuán Zhěn

曾经 沧 海 难为水,
Céngjīng Cāng Hǎi nán wéi shuǐ,

除却巫 山不是云①。
Chú què Wū Shān bú shì yún.

取次 花丛 懒回顾②,
Qǔ cì huācóng lǎn huígù,

半 缘 修道半 缘 君③。
Bàn yuán xiū dào bàn yuán jūn.

元稹(779—831),字微之,河南洛阳人。著有《元氏长庆集》,与白居易极好,常相唱和,世称"元白"。

此诗为悼念亡妻韦丛而作,是悼亡诗中的佳作。诗中借物抒情,赞美夫妻之间的恩爱,表达了对韦丛的忠贞不渝与深切怀念之情。诗的开头两句尤其为人称颂,是唐诗中的名句。

①沧海无比深广,别处的水无法与之相比;巫山的云是神女所化,娇美无比,相形之下,别处的云就黯然失色。这两句说诗人经历过世间最美的"沧海"、"巫山",对别处的水和云就看不上眼,以此来比喻他们夫妻间的感情,犹如"沧海水"和"巫山云"一样深厚和美好。如今爱妻不幸身亡,世上再也找不到使他动情的女子了。②此句说诗人走过"花丛"也无心回头观顾。③此句意:一半是为了"修道",一半是为了悼念亡妻。君,指元稹之妻。

58 闺意献张水部
GUI YI XIAN ZHANG SHUIBU

(唐) 朱庆余
(Táng) Zhū Qìngyú

洞房　昨夜　停　红烛，
Dòngfáng zuóyè tíng hóngzhú,

待　晓　堂前　拜　舅姑①。
Dài xiǎo tángqián bài jiùgū.

妆　罢　低声　问　夫婿：
Zhuāng bà dīshēng wèn fūxù:

画　眉　深　浅　入　时　无？
Huà méi shēn qiǎn rù shí wú?

朱庆余,福建人,一说越州(浙江绍兴)人。其诗辞意清新,描写细致。为张籍(约768—约830,字文昌,中唐诗人。任水部员外郎等职。)所赏识。著有《朱庆余诗集》。

这首诗从表面看是写"闺情"的,诗人用细腻的笔法刻画了新妇在成婚后的第二天清早,将去拜见公婆前的心理状态。既有妻子的羞涩和娇态,也有作儿媳妇的担心和疑虑。但从题目看,全诗是作者应考前投赠水部郎中张籍的。因为新娘子见公婆的心情,和应考者的心情相似,所以诗人借用比兴、一箭双雕,收到妙尽其意的作用。最后一句"画眉深浅入时无"的意思是:"请您指教,我的诗合不合时行的风格?"据记载,这位乐于提拔后进的张籍阅后,心领神会,当即回了一首诗,前两句是:"越女新妆出镜心,自知明艳更沉吟。"意思是:你知道自己的诗是明艳的,为什么还不能自信,要来问我呢?"以此对朱庆余的诗作了充分的肯定。

①舅姑,古代称公、婆。

59 山行①
SHAN XING

(唐) 杜 牧
(Táng) Dù Mù

远 上 寒 山 石径 斜②,
Yuǎn shàng hán shān shíjìng xiá,

白云 生处 有 人家③。
Báiyún shēngchù yǒu rénjiā.

停 车 坐 爱 枫林 晚④,
Tíng chē zuò ài fēnglín wǎn,

霜叶 红于 二月 花⑤。
Shuāngyè hóng yú Èryuè huā.

杜牧(803—约852),字牧之。京兆万年(现陕西长安县)人。曾任黄州、池州、睦州、湖州等地刺史,又曾做过司勋员外郎等官,是晚唐著名作家,诗、赋、散文都写得很好,以诗的成就为最高,与李商隐齐名。诗歌风格爽朗明快,气势纵横,读来给人一种清新之感。今存诗二百多首。

这是一首描写深秋季节山中景色的诗,诗中描写的山路、人家、白云、红叶,构成了一幅和谐统一的山林秋色图。特别是最后两句,诗人把经霜的枫叶与二月的红花相比,赋予枫叶以春花的气质,赞美它耐得住秋霜摧残的性格,给人以热烈振奋的艺术感染力。

①山行,在山中行走。②寒山,深秋季节的山。石径,山间小小的石子路。③白云生处,指山的深处。④坐,因为。枫,树名。这种树的叶子到秋天就变成红色,颜色很美。此句是说,因为喜爱枫林的晚景,所以停下车子来观赏。⑤这句说,经过霜打的枫叶,比二月里的鲜花还要红艳。

60 过华清宫
GUO HUAQINGGONG
绝句①（其一）
JUEJU

杜牧
Dù Mù

长安回望绣成堆②，
Cháng'ān huí wàng xiù chéng duī,

山顶千门次第开③。
Shāndǐng qiān mén cì dì kāi.

一骑红尘妃子笑④，
Yì qí hóngchén fēizi xiào,

无人知是荔枝来⑤！
Wú rén zhī shì lìzhī lái!

此诗共三首,是杜牧经过长安(今西安)骊山华清宫时有感而作。华清宫当年是唐玄宗和杨贵妃玩赏游乐的行宫。诗人通过千里送荔枝这一典型事例,揭露了杨贵妃的恃宠而骄,穷奢极欲的生活。诗歌风格朴素自然,寓意深刻、含蓄,是唐人咏史绝句中的佳作。

　　①华清宫,在长安骊山,是唐玄宗的行宫。②长安,古都西安。绣成堆,指骊山两旁的东绣岭、西绣岭,又借此形容骊山美不胜收,语意双关。③千门,指华清宫内有许多宫门。次第开,一道接一道缓缓地打开。④一骑红尘,宫外一名专使骑着驿马急驰而来,身后扬起团团飞尘。妃子,指杨贵妃。妃子笑,说杨贵妃一听说新鲜荔枝送到,便高兴地笑了。⑤"荔枝"两字说出了事情的原委。诗人说,没有人知道是有人送鲜荔枝来了,寓意含蓄深刻。

61 江南春①
JIANGNAN CHUN

杜 牧
Dù Mù

千里莺啼绿映红②,
Qiān lǐ yīng tí lù yìng hóng,

水村山郭酒旗风③。
Shuǐ cūn shānguō jiǔ qí fēng.

南朝四百八十寺④,
Náncháo sìbǎi bāshí sì,

多少楼台烟雨中⑤。
Duōshǎo lóutái yānyǔ zhōng.

此诗描写江南的春景。前两句写晴天的农村风光,后两句写雨景,亭台楼阁及金碧辉煌、屋宇重重的佛寺都被掩映在迷濛的烟雨之中。全诗表现了诗人对江南春景的赞美与神往,同时反映了当时社会崇信佛教,大造寺宇的现实。

①江南,指长江以南。②绿映红,绿树红花交相辉映。③水村,溪边河畔的村庄。山郭,依山的城郭。酒旗,古时用蓝布或白布做成的旗,中间写一个"酒"字,系在竹竿顶端,挂在酒店前面招揽顾客。风,迎风飘扬。④南朝,指在江南建都的宋、齐、梁、陈,及以前的吴越、东晋,这六个朝代多是佛教盛行的时代,佛寺极多。四百八十寺,虚指,形容很多。⑤多少,那么多。烟雨,指烟雾迷漫的春雨。

62 清明①
QINGMING

杜 牧
Dù Mù

清明 时节雨 纷纷②,
Qīngmíng shíjié yǔ fēnfēn,

路上 行人欲 断 魂③。
Lùshàng xíngrén yù duàn hún.

借 问 酒家何处 有④,
Jiè wèn jiǔjiā héchù yǒu,

牧童 遥指 杏花村⑤。
Mùtóng yáo zhǐ xìnghuācūn.

　　这首诗既描写江南春天的雨景,也写出游春踏青者的心境和愿望。诗人用通俗的语言,白描的手法,绘出一幅杏花春雨江南的图画。成为唐诗绝句中的佳作。

　　①清明,二十四个节气之一,春分过后第十五天,(公历四月五日)。中国向来有在清明扫墓或春游的风俗习惯。②雨纷纷,细雨绵绵。③行人,指诗人自己。欲,好象。断魂,指情绪不好,心事重重的样子。④借问,请问。酒家,酒店,也可指酒店里的人。⑤杏花村,杏花深处飘着酒旗的村庄。

63 夜雨寄北①
YE YU JI BEI

(唐) 李 商隐
(Táng) Lǐ Shāngyǐn

君问归期未有期,
Jūn wèn guīqī wèi yǒu qī,

巴山夜雨涨秋池②。
Bā Shān yèyǔ zhǎng qiūchí.

何当共剪西窗烛③,
Hé dāng gòng jiǎn xīchuāng zhú,

却话巴山夜雨时④。
Què huà Bā Shān yèyǔ shí.

李商隐（约813—858），字义山，怀州河内（今河南省沁阳县）人。因政治上受到排挤，一生很不得意。所作"咏史"诗多托古讽今。擅长律诗绝句，语言凝炼，结构严密，作品具有独特风格。有《李义山诗集》。

这是诗人寄给妻子的诗（也有说是寄给朋友的），一开始是回答妻子的话，你问我什么时候回家，可我还没有确切的日期呢！当时作者正在四川作客，写诗的时间正是在下着秋雨的夜晚。后二句拟想他日回到妻的身边，靠着西窗，一起剪烛谈心，而今日巴山听雨、吟诗寄远的情景，正是谈心的主要内容。全诗语言朴质流畅，构思新颖，情景交融，读后既感到亲切又十分含蓄。

①寄北，当时作者在四川，妻子在北方，故说"寄北"。②巴山，这里泛指四川的山。涨秋池，池塘里因为秋天下雨水涨起来了。③何当，何时能够。共剪西窗烛，蜡烛点久了，烛心结成穗形的烛花，光线就昏暗不明，要用剪刀把它剪掉。此句是想象回家以后和妻子一起依着西窗在夜晚畅谈的情景。④却话，却追溯。这两句意思是：不知什么时候才能跟你在一起，说说我今晚在巴山独自听雨声的情景。

64 乐 游 原①
LE YOU YUAN

李　商隐
Lǐ　Shāngyǐn

向　晚 意 不 适②,
Xiàng wǎn yì bú shì,

驱 车 登　古 原③。
Qū chē dēng gǔyuán.

夕阳　无限 好,
Xīyáng wúxiàn hǎo,

只 是 近 黄 昏。
Zhǐ shì jìn huánghūn.

　　此诗写诗人在傍晚，因心情不佳，特驾车前往乐游原游玩，借以排遣心中的烦闷。登上古原，虽看到了夕阳美景，但已临近黄昏了。由此感叹美景不长。

　　①乐游原，西安城东南的一座小山，那儿本是一处庙苑，建于汉代。登上古原，可以一览西安全城。这是诗人一向喜欢去的地方。②此句意：傍晚的时候，不知为什么情绪不好。③古原，指乐游原，是自古就有的游览胜地。

65 蜂
FENG

（唐） 罗 隐
(Táng) Luó Yǐn

不论平地与山尖，
Bú lùn píngdì yǔ shānjiān,

无限风光尽被占。
Wúxiàn fēngguāng jìn bèi zhàn.

采得百花成蜜后，
Cǎi de bǎihuā chéng mì hòu,

为谁辛苦为谁甜？
Wèi shuí xīnkǔ wèi shuí tián?

  罗隐（833—909），字昭谏，新城（今浙江富阳）人。本名横，因十举进士未中，乃改名。他的诗颇有讽刺现实的作用。诗歌多用口语，故少数作品能流传于民间。清人辑有《罗昭谏集》。

  蜜蜂是为酿蜜而劳苦一生，积累甚多而享受甚少的一种动物，自古以来都是文人作为美好象征来颂扬的。这首诗的前两句说，无论是平原还是高山，所有鲜花盛开的地方，全被蜜蜂占领了。后两句，诗人笔锋一转说，然而蜜蜂采得百花酿成蜜，还不知是为了什么人的。"采得百花"示"辛苦"，"成蜜"示"甜"。这后两句诗人感叹蜜蜂自己辛苦甘为人甜。同时也暗寓了作者对劳动者的同情。

送 日本国 僧
SONG RIBENGUO SENG
敬龙 归①
JINGLONG GUI

(唐) 韦 庄
(Táng) Wěi Zhuāng

扶桑已在 渺茫 中②,
Fúsāng yǐ zài miǎománg zhōng,

家在扶桑 东 更 东③。
Jiā zài Fúsāng dōng gèng dōng.

此去与师 谁 共 到④?
Cǐ qù yǔ shī shuí gòng dào?

一 船 明月 一帆 风⑤。
Yì chuán míngyuè yì fān fēng.

韦庄（约836—910），字端己，长安杜陵（今陕西西安市东南）人。著有《浣花集》。

此诗是来华学佛求经的日本僧人敬龙学成回国，韦庄为他送行时所作。诗中体现了诗人对异国友人的关心，并流露出依依惜别的感情。

①敬龙，日本僧人。晚唐时，日本因唐朝国内动乱，停止派遣唐使，原先随遣唐使船来华学经的僧人便改乘商船来往。唐时商船虽船身小，但行驶快，船家又有航海经验，往返中日之间仅需三昼夜至六七昼夜，且极少遇难漂流。这使日中交通更为频繁，日本僧人入唐也更加方便，敬龙便是其中之一。②扶桑，日本的代称。此处意指古代神话中所说的东方日出之处，称"神木扶桑"，其境飘渺难寻。③东更东，指敬龙的家比扶桑还远。④师，指敬龙。到，平安到达。谁共到，什么人与你一起平安到达家乡呢？⑤此句紧接上句，说"明月"和"顺风"将与敬龙一起到达家乡。"明月"表示天晴；风，即顺风，都是吉利话。表达了诗人对友人的诚挚友情与良好祝愿。

67 江 上 渔 者①
JIANG SHANG YU ZHE

(宋) 范 仲 淹
(Sòng) Fàn Zhòngyān

江上 往来人②,
Jiāngshàng wǎng lái rén,

但 爱 鲈鱼 美③。
Dàn ài lúyú měi.

君 看 一叶舟④,
Jūn kàn yí yè zhōu,

出 没 风波 里⑤!
Chū mò fēngbō lǐ!

范仲淹（989—1052）字希文，苏州吴县（今江苏苏州市）人。北宋著名政治家、文学家。晚年所作散文《岳阳楼记》最为传诵。因死后谥号文正，留有《范文正公集》。

本诗写渔民生活的艰苦。世人只知鲈鱼味道鲜美，哪会想到这是渔民们冒着生命危险换来的啊！一叶扁舟，出没风波，形象地表达了诗人对劳动人民的关切与同情，也寓意自己的艰辛经历。

①渔者，捕鱼的人。②往来人，来来往往的人。此句说江岸上人来人往十分热闹，他们拥到江边为什么呢？很自然地引出下句。③但爱，只是喜爱。鲈鱼，一种近海鱼，头大，背部和背鳍上有小黑斑，味道鲜美。④君，你。一叶舟，小小渔船在大江里随风飘流，远看犹似浮在水面上的一片树叶。⑤出没，呈现和遮没。此句指风浪很大时，小舟随着风浪忽上忽下在大江中飘泊。后两句是说，喜欢鲈鱼美味的人啊，你没看到江上打鱼的小船，出没在滔滔风浪中，为捕捉鲈鱼要冒多大的风险。

68 陶 者
TAO ZHE

(宋) 梅 尧臣
(Sòng) Méi Yáochén

陶尽门前土②,
Táo jìn ménqián tǔ,

屋上无片瓦;
Wūshàng wú piàn wǎ;

十指不沾泥,
Shí zhǐ bù zhān ní,

鳞鳞居大厦③。
Línlín jū dàshà.

梅尧臣(1002—1060)。北宋著名诗人,字圣俞,宣城(今属安徽)人。因宣城古名宛陵,世称梅宛陵。他提倡平淡的诗风,与欧阳修等一起反对当时一味追求词藻华丽的文风。

这首诗用事实对比的手法,揭露了封建社会的不合理现象。前两句讲制瓦的人为了制瓦连自家门前的泥土都挖尽了,可是他们屋上却一片瓦都没有;后两句写富家贵族,他们手不沾泥,却住着高楼大厦。诗人不加一句评论,却能发人深思。短短二十个字,表达了作者对劳苦人民的深切同情。

①陶者,制造砖瓦的人,即指烧窑工人。②陶,动词,挖的意思。③鳞鳞,形容屋上盖的瓦片多而密,一片接一片,象鱼鳞一样。

画眉鸟①

（宋）　欧阳　修
(Sòng) Ōuyáng Xiū

百啭千声随意移②，
Bǎi zhuǎn qiān shēng suí yì yí,

山花红紫树高低③。
Shānhuā hóng zǐ shù gāo dī.

始知锁向金笼听④，
Shǐ zhī suǒ xiàng jīnlóng tīng,

不及林间自在啼⑤。
Bù jí línjiān zìzài tí.

欧阳修（1007—1072），北宋杰出文学家，字永叔，别号醉翁，庐陵（今江西省吉安市）人。幼时家境贫困，因买不起纸笔，母亲用芦秆画地教他写字。后成为北宋文坛领袖，又是"唐宋八大家"之一。

这首诗说画眉鸟应让它在林间自由啼叫，如果把它关在笼子里，它的叫声就逊色多了。寓意深刻，启人遐思。

①画眉鸟，鸟名，背部黄褐色，腹面黄白色，眼上有象眉毛一样的白斑，叫声非常动听。②啭，宛转的鸟叫声。随意移，是说鸟儿在枝头边叫边跳跃，叫声多变，很能打动人的感情。③这两句说，不管在山林中红花紫花之间，还是在高高低低的树林之间，画眉鸟都可以自由自在地飞翔鸣唱。④始知，才知道。金笼，装饰得很华丽的鸟笼。⑤自在啼，自由自在地鸣叫。

70 泊 船 瓜 洲①
BO CHUAN GUAZHOU

(宋) 王 安石
(Sòng) Wáng Ānshí

京口 瓜洲 一水 间②,
Jīngkǒu Guāzhōu yì shuǐ jiān,

钟山 只隔数 重 山③。
Zhōngshān zhǐ gé shù chóng shān.

春风 又绿 江 南 岸④,
Chūnfēng yòu lǜ Jiāng nán àn,

明月 何时 照 我 还⑤?
Míngyuè héshí zhào wǒ huán?

王安石（1021—1086），字介甫，晚年自号半山老人，抚州临川（今江西临川）人。北宋杰出的政治家、文学家。主张变法，做了不少于民有利的事。后因受到保守派的阻挠和反对，被迫离职。文学上成就很高，是"唐宋八大家"之一。

这首诗是作者路过瓜洲时，怀念金陵（南京）的故居而写的。诗中第三句"春风又绿江南岸"中的"绿"字，是讲究修辞炼字的著名例子。据说他在草稿上曾用过许多字，最初是"到"，改作"过"，又改作"入"，再改作"满"，一共改了十几次，最后才选定了这个"绿"（作动词用）字。这里，一个"绿"字，把春天江南色彩以及它与春风的关系，非常巧妙、确切而又形象地表达出来了。

①泊船，停船靠岸。瓜洲，在长江北岸，扬州市南面，与镇江相对。此诗作于诗人第二次拜相,奉诏进京，船停靠在瓜洲时。②京口，长江南岸，现江苏镇江。间，隔。此句说京口与瓜洲只隔了一条水（指长江）。③钟山，这里指今南京紫金山。数重，几座。指瓜洲到南京只隔着几座山，路途不远。④绿，吹绿了。江南，长江以南。⑤还，回。指回到钟山家中。这两句把吹绿和思归联系在一起,表达了作者希望早日辞官归家的心愿。

71 梅 花
MEI HUA

王 安石
Wáng Ānshí

墙角 数枝梅,
Qiángjiǎo shù zhī méi,

凌 寒 独自开①。
Líng hán dúzì kāi.

遥 知 不 是 雪②,
Yáo zhī bú shì xuě,

为 有 暗香 来③。
Wèi yǒu ànxiāng lái.

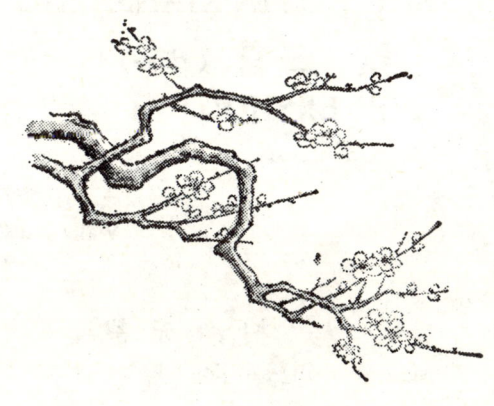

　　这是一首咏梅诗。自古以来咏梅都联系到雪。因为雪、梅都是高洁的象征。诗人在这里不但赞美了梅花有如白雪的高洁,更具冬雪所没有的清香的品格。

　　①凌寒,冒着寒冷。此句极赞梅花,在百花凋谢的严冬,只有梅花不怕寒冷,独自开放。②遥,即远。③为,因为。暗香,出自林逋((967—1028)字君复,钱塘(今浙江杭州)人,宋初隐士,其诗多表现隐居生活的情趣。)咏梅名句:"暗香浮动月黄昏"。句意是,因为远远地就已经闻到梅花的幽香了。

72 书湖阴先生壁 二首（其一）
SHU HUYIN XIANSHENG BI ERSHOU

王安石
Wáng Ānshí

茅檐长扫净无苔②,
Máoyán cháng sǎo jìng wú tái,

花木成畦手自栽③。
Huāmù chéng qí shǒu zì zāi.

一水护田将绿绕④,
Yì shuǐ hù tián jiāng lǜ rào,

两山排闼送青来⑤。
Liǎng shān pái tà sòng qīng lái.

这首诗描写郊外山居人家的初夏景色,同时也表达了作者对邻里的赞美之情。

①湖阴,指杨德逢,别号湖阴先生,是作者退居金陵(现南京)时的邻居和经常来往的朋友。这是王安石题写在杨德逢屋壁上的一首诗。②茅檐,这里指庭院。此句讲因为主人勤打扫,庭院里干净得连青苔都不长。③花木成畦:各种繁多的花木,排列得非常整齐,错落有致。④一水,一条小溪。护田将绿绕,护着绿油油的农田。⑤两,虚指。此处"两山"对"一水"。排,作推解。闼,门。排闼,即推开门,可直接望到青山。但作者运用拟人手法,说成青山推门而入,送入眼帘。

73 饮湖上初晴后雨①
YIN HUSHANG CHU QING HOU YU

(宋) 苏轼
(Sòng) Sū Shì

水光潋滟晴方好②,
Shuǐguāng liànyàn qíng fāng hǎo,

山色空蒙雨亦奇③。
Shānsè kōngméng yǔ yì qí.

欲把西湖比西子④,
Yù bǎ Xīhú bǐ Xīzǐ,

淡妆浓抹总相宜。
Dàn zhuāng nóng mǒ zǒng xiāng yí.

苏轼（1037—1101），字子瞻，自号东坡居士，眉山（现四川眉山县）人。北宋大文学家。早年因反对王安石的新法，曾屡遭贬斥。苏轼博学多才，诗文书画都有很高的造诣，与父苏洵、弟苏辙合称"三苏"。是"唐宋八大家"之一。

这首赞美西湖的诗歌，称得上是西湖诗中的千古绝唱。不论是晴天还是雨天，西湖都是非常美丽的。它象美女西施一样，不论是淡雅的装束，还是浓艳的打扮，都是精妙绝伦，难以言喻。西湖也从此得到西子湖的美称。

①湖，浙江省杭州市的西湖。饮湖上，在西湖上饮酒。初晴后雨，开始是晴天，后来又下雨了。②潋滟，水波闪动的样子。③空濛，烟雨迷茫的样子。④欲，如果。西子，春秋时越国有名的美女西施。

74 题西林壁[①]
TI XILIN BI

苏轼
Sū Shì

横看成岭侧成峰[②],
Héng kàn chéng lǐng cè chéng fēng,

远近高低各不同。
Yuǎn jìn gāo dī gè bù tóng.

不识庐山真面目,
Bù shí Lú Shān zhēn miànmù,

只缘身在此山中[③]。
Zhǐ yuán shēn zài cǐ shān zhōng.

  这首诗写庐山变化多姿的面貌。妙在:"不识庐山真面目,只缘身在此山中"两句。诗人用浅近的语言,说明了一个平凡的哲理。启发人们正确认识全体与局部、宏观与微观的关系,也包含有"当局者迷,旁观者清"的意思。

  ①西林,西林寺,位于江西庐山七岭之西。这首诗就是写在寺里墙壁上的。②侧,从侧面看。③只缘,只因为。

75 惠崇 春江
HUICHONG CHUNJIANG
晚景①
WANJING

苏 轼
Sū Shì

竹 外 桃花 三 两 枝,
Zhú wài táohuā sān liǎng zhī,

春江 水 暖 鸭 先知。
Chūnjiāng shuǐ nuǎn yā xiān zhī.

蒌蒿 满地 芦芽 短②,
Lóuhāo mǎndì lúyá duǎn,

正 是 河豚 欲 上 时③。
Zhèng shì hétún yù shàng shí.

这是一首描写早春景色的题画诗。岸边的竹子、桃花;地上的蒌蒿、芦芽;水中的鸭子、河豚,都是春天大自然中的事物。作者通过鸭之"知水暖",河豚之"欲上时",变静景为动景,整个画面就显得生机勃发,春色盎然了。

①惠崇,宋初的一位能诗善画的和尚。《春江晚景》是他的一幅画作。这首诗是苏轼题在画上的。②蒌蒿,春天的一种野菜。芦芽,芦笋。③河豚,一种味道很鲜美而有毒的鱼。欲上,快要浮上(水面来)。

76 绝 句
JUE JU

(宋) 李 清照
(Sòng) Li Qīngzhào

生 当 作 人 杰①,
Shēng dāng zuò rénjié,

死 亦 为 鬼 雄②。
Sǐ yì wéi guǐxióng.

至 今 思 项 羽③,
Zhì jīn sī Xiàng Yǔ,

不 肯 过 江 东④。
Bù kěn guò Jiāngdōng.

李清照(1084—1151?),号易安居士,济南(今山东省济南市)人,南宋杰出女词人、诗人。她的词脍炙人口,写情细致缠绵,在艺术上有独特成就。诗作流传下来的不多,但格调激昂,流露出爱国的热情。

这首诗表面上是赞美不肯忍辱偷生的英雄项羽,实际上是以古讽今,讽刺当时妥协南逃的南宋统治者。

①人杰,人中的豪杰。②这两句是说,人活着应该做英雄,死也要死得有价值。③项羽,秦朝末年的起义军领袖,即楚霸王。④江东,江南。项羽和刘邦争夺天下,后被刘邦打败,退到乌江,有人劝他回到江东,整兵再举。项羽认为当初跟随他一起渡江过来的八千江东子弟没有一个人活着回去,自己一个人回去还有什么面目见江东父老,结果在乌江自杀了。这两句是说,直到现在人们还念念不忘项羽当年不肯渡江回到江东去的这种英雄性格。

77 晓出 净慈寺
XIAO CHU JINGCISI
送 林 子方
SONG LIN ZIFANG

(宋) 杨 万里
(Sòng) Yáng Wànlǐ

毕竟 西湖 六月 中②,
Bìjìng Xī Hú Liùyuè zhōng,

风光 不与四时 同③;
Fēngguāng bù yǔ sì shí tóng;

接天 莲叶无 穷 碧④,
Jiē tiān liányè wú qióng bì,

映 日 荷花 别样 红⑤。
Yìng rì héhuā bié yàng hóng.

杨万里（1127—1206）字廷秀，号诚斋，吉水（今江西吉安市）人，南宋著名诗人。他的诗内容大多写自然景物。一生作二万多首诗，但没有全流传下来。

这首诗描写六月里的西湖风光，在朝霞映照下，满湖的莲叶衬托着鲜艳的荷花，显得艳丽明媚。

①晓，早晨。出净慈寺，走出净慈寺（在杭州西湖西南边的名寺）。林子方，人名，作者的朋友。题目告诉我们这是在六月的一天清早走出净慈寺，送友人林子方，路过西湖边，看到大自然的美景，写下了这首小诗。②毕竟，到底。③风光，风景。四时，本指春夏秋冬四季，这里泛指其他季节。这两句是说西湖六月中的风光，到底与其他季节不一样。④这一句描写西湖里的莲叶，一直铺到水与天相接的远方。⑤映日荷花，在朝阳辉映下的荷花。别样红，碧绿的莲叶陪衬着艳红的荷花，显得分外好看。

78 游 山西村
YOU SHANXICUN

（宋） 陆 游
(Sòng) Lù Yóu

莫笑农家腊酒浑①,
Mò xiào nóngjiā là jiǔ hún,

丰年留客足鸡豚②。
Fēng nián liú kè zú jī tún.

山重水复疑无路③,
Shān chóng shuǐ fù yí wú lù,

柳暗花明又一村④。
Liǔ àn huā míng yòu yì cūn.

箫鼓追随春社近⑤,
Xiāo gǔ zhuīsuí chūn shè jìn,

衣冠简朴古风存。
Yī guān jiǎnpǔ gǔ fēng cún.

从今若许闲乘月⑥,
Cóng jīn ruò xǔ xián chéng yuè,

拄杖无时夜叩门⑦。
Zhǔ zhàng wú shí yè kòu mén.

陆游（1125—1210），字务观，号放翁，山阴（今浙江省绍兴市）人。自幼便立志抗金，曾在几个地方任官职。晚年退居家乡，但爱国热情不减。一生写了许多爱国诗篇，现留下来的有九千多首。陆游是南宋的伟大爱国诗人，诗风豪迈清新，语言精炼。与尤袤、杨万里、范成大并称南宋四大家。

这首诗是陆游初次罢官回乡，定居山村的第二年春天所作。诗人描写了山村丰收的欢悦景象，自己也沉浸在怡然自得的田园之乐中。尤其是诗中三、四两句"山重水复疑无路，柳暗花明又一村"更是寓意深刻，发人深思。

①莫，不要。腊酒，头一年腊月酿制的米酒，开春后饮用。②豚，小猪。足鸡豚，即鸡豚足，表示菜肴丰盛。这两句写出了丰收之年农村一片宁静、欢悦景象，并赞赏村民淳朴的民风。③疑，以为。④这两句是传颂千古的名句。在响着潺潺水声的清幽的山间，不见人迹，绵延曲折的小路，隐藏在杂草丛生的山间，叫人无法辨认，以为是无路可走了，正在深山丛中感到迷惘不解时，却看到了柳绿花红，几间农家茅舍隐现于花木之中，叫人顿时豁然开朗，兴奋不已。⑤箫鼓，箫声、鼓声。春社，古代立春后第五个戊日为春社日，农民集会拜祭土地神和五谷神，以祈求丰年。⑥闲乘月，闲时趁着月光外出夜游。⑦无时，随时。最后两句，表示了诗人能随时在月夜拄杖访问，轻叩柴门，与老农亲切交谈的愿望。

十一月 四日 风雨
SHIYIYUE SI RI FENGYU
大作
DAZUO

陆 游
Lù Yóu

僵卧孤村不自哀①,
Jiāng wò gū cūn bú zì āi,

尚思为国戍轮台②。
Shàng sī wèi guó shù Lúntái.

夜阑卧听风吹雨③,
Yè lán wò tīng fēng chuī yǔ,

铁马冰河入梦来④。
Tiě mǎ bīng hé rù mèng lái.

这首诗写于南宋光宗绍熙三年(1192)农历11月4日深夜。是写山阴(今浙江绍兴)突遭暴风雨袭击,诗人罢官回故居,又年老卧病,但他还是希望能到前线去,为国家贡献自己的力量。甚至连做梦也看到抗金士兵为收复失地而英勇奋战的悲壮情景。

①僵卧,身体衰弱,动弹不得,躺在床上。孤村,孤零零的偏僻村庄。②尚思,还是想。戍,防守边疆。轮台,原汉代西域地名,今新疆轮台县,借指北方边疆。③夜阑,夜深。风吹雨,风雨大作。④铁马,披着铁甲的战马。冰河,冰冻的河流,此处泛指北方严寒之地。这两句说诗人听到外面暴风雨的声音,好象千军万马一般,在梦幻中自己好象骑着战马,踏过冰河,在北方战场上,为收复失地而英勇杀敌。

80 剑门道中
JIANMEN DAO ZHONG

遇微雨①
YU WEIYU

陆游
Lù Yóu

衣上 征 尘杂酒痕②,
Yīshàng zhēng chén zá jiǔ hén,

远 游无处不消魂③。
Yuǎn yóu wú chù bù xiāo hún.

此身合是诗人未④?
Cǐ shēn hé shì shīrén wèi?

细雨骑驴入剑门。
Xìyǔ qí lú rù Jiànmén.

这是48岁的陆游在被迫离婚和考场失利后,苦闷徬徨,情绪低落时所作。诗人在绵绵细雨中骑驴去四川浪游。他在驴背上颠簸劳累,沉然无语,感叹自己想指挥士兵收复失地的愿望落空,恐怕从此只能以诗人的身心来了却一生了。语虽平淡,感慨至深。

①剑门,山名,在今四川省剑阁县北,因峭壁中断处,两山相峙如门,故称剑门,是古代北方入蜀的必经要地。②征尘,旅途中的灰尘。杂,夹杂。③消魂,因过度刺激而神思茫然。这里指诗人远游,借酒消愁,形容悲伤愁苦的样子。④未,即"否",表疑问。此句诗人自问,此后(入剑门去成都后),他仅只是一个诗人了吗?表示他已预想到自己正处在生活的转折点上,怕今后不可能再带兵抗敌了。

81 示儿①
SHI ER

陆　游
Lù　Yóu

死去原知万事空②,
Sǐ qù yuán zhī wàn shì kōng,

但悲不见九州同③。
Dàn bēi bú jiàn Jiǔzhōu tóng.

王师北定中原日④,
Wángshī běi dìng Zhōngyuán rì,

家祭无忘告乃翁⑤!
Jiā jì wú wàng gào nǎi wēng!

　　这是陆游临终前的绝命诗,时年85岁,仍念念不忘祖国领土的完整和统一。他叮嘱儿子将来祭祀时,千万不要忘记告诉他收复中原的消息,表现了作者至死不渝的爱国激情。

　　①示儿,给儿子们看。②原知,原来就知道。③九州,传说中我国中原上古行政区,共分九个州。同,统一。以上两句是说,我本来就知道一个人死了以后,什么事都是空的,只是还有一件事总使我感到悲痛,那就是没有看到祖国的统一。④王师北定中原,指南宋的将领带兵收复北方领土。中原,指淮河以北为金兵所占领的地方。⑤家祭,在家里对祖先的祭祀。乃翁,你的父亲。

82 四时田园杂兴(其一)
SI SHI TIAN YUAN ZA XING

(宋) 范成大
(Sòng) Fàn Chéngdà

昼出耘田夜绩麻①,
Zhòu chū yún tián yè jì má,

村庄儿女各当家②。
Cūnzhuāng érnǚ gè dāng jiā.

童孙未解供耕织③,
Tóng sūn wèi jiě gōng gēng zhī,

也傍桑阴学种瓜。
Yě bàng sāngyīn xué zhòng guā.

范成大(1126—1193),字致能,号石湖居士,吴郡(今江苏苏州)人。南宋杰出诗人。他的诗题材广泛,所作田园诗尤为著名。

范成大住在石湖时,把在农村中所见所闻写成田园杂兴诗绝句60首。因分别描写春、夏、秋、冬四个季节中的农村景象,抒发各种感想,故称"四时田园杂兴"。这首诗描写农村生产劳动的紧张气氛,从早到晚,男女老少齐为农务劳作忙碌,连稚气的儿童也模仿着大人的样子,学着种瓜。表现了孩童的天真可爱和勤劳。

①耘,除草。绩麻,把麻搓成细条。②各当家,各人都担当一定职务,担负起家庭的生活。③解,懂得。供,从事、参加。

83 游园不值①
YOU YUAN BU ZHI

（宋）叶绍翁
(Sòng) Yè Shàowēng

应怜屐齿印苍苔②，
Yīng lián jī chǐ yìn cāng tái,

小扣柴扉久不开③。
Xiǎo kòu chái fēi jiǔ bù kāi.

春色满园关不住，
Chūnsè mǎn yuán guān bú zhù,

一枝红杏出墙来。
Yì zhī hóngxìng chū qiáng lái.

叶绍翁,生卒年不详,字嗣宗,号靖逸,处州龙泉(今浙江龙泉)人。江湖派诗人,擅长七言绝句。

这首诗写作者游园访友,不料主人外出,园门紧闭。无意中抬头看到一枝红杏伸出墙外,向这位游客吐露了满园的春色。这后两句诗是传颂千古的名句,说明万物逢春萌发,有着无限的生命力。它是任何力量都遏制不住的。

①不值,不遇;没有遇到主人。②怜,此处作可惜讲。屐,一种木制、底很高的鞋。屐齿,木屐底下钉的鞋钉。这句说,在长青苔的门前站久了,木屐底下的鞋钉印子都踩在青苔上了。③小扣,轻轻地敲打。柴扉,柴门。

84 过零丁洋①
GUO LINGDING YANG

（宋） 文天祥
(Sòng) Wén Tiānxiáng

辛苦 遭逢 起一经②,
Xīnkǔ zāoféng qǐ yì jīng,

干戈 寥落 四周 星③。
Gāngē liáoluò sì zhōu xīng.

山河 破碎 风 飘 絮④,
Shānhé pòsuì fēng piāo xù,

身世 浮沉 雨打 萍⑤。
Shēnshì fúchén yǔ dǎ píng.

惶恐 滩头 说 惶恐⑥,
Huángkǒng Tān tóu shuō huángkǒng,

零丁 洋里叹 零丁⑦。
Língdīng Yáng lǐ tàn língdīng.

人生 自古 谁无死？
Rénshēng zì gǔ shuí wú sǐ?

留取 丹心 照 汗青⑧。
Liú qǔ dānxīn zhào hànqīng.

文天祥（1236—1283），字宋瑞，一字履善，号文山，庐陵（现江西吉安）人。南宋末年伟大的民族英雄和诗人。元兵南下时，他代表宋朝与元人谈判，被扣。后在镇江脱逃。再度起兵抗元，兵败被俘。在狱中坚决拒绝元人威胁利诱，最后从容就义。

这首诗是文天祥被俘后，随船过零丁洋时写下的悲壮诗篇。当时，投降元朝的南宋将领张弘范正做着元军的元帅，他逼迫文天祥写信招降在海上坚决抵抗的宋将张世杰。文天祥就写了这首诗给张弘范。诗中述说了国家与个人的悲惨遭遇，慷慨表示了愿为国献身的壮志。最后两句，数百年来成为鼓舞英雄志士不畏牺牲，取义成仁的豪言壮语。

①零丁洋，现广东省中山县南的海域。②遭逢，遭遇。一经，一种经书。这句意思是作者自叙通过一种经书的考试，进入仕途做了官。③寥落，荒凉冷落。四周，四周年。这句说，在兵荒马乱之中白白地过了整整四年。④絮，柳絮。这句比喻国家命运危在旦夕。⑤这句意思是，自己一生动荡不安，就象水面的浮萍受着风雨的打击。⑥惶恐滩，今江西万安县境内的一个急流险滩。1277年文天祥在江西被元军打败，从惶恐滩一带撤到福建。惶恐，惊慌的意思。⑦零丁，孤苦的样子。⑧留取，留得。丹心，赤红的心，喻忠贞。汗青，指史册，古时用竹简写书。制竹简必先把青竹的水分烤干才能书写，故称汗青。后人便用"汗青"来称书册。后两句是说，自古以来有谁能不死，所以人要死得有价值，留下这赤胆忠心在史书上光辉永照。

85 癸巳 五月 三日 北渡①（其一）

（金）元好问

白骨纵横似乱麻，
几年桑梓变龙沙②。
只知河朔生灵尽③，
破屋疏烟却数家。

元好问（1190—1257），字裕之，号遗山，太原秀容（今山西忻县）人。金代唯一的杰出诗人。他的诗反映时代动乱，内容丰富，慷慨悲壮，著有《遗山集》。

金哀宗天兴二年（1233）春，元好问与其他官员在青城被蒙古军所俘。这首诗是他从青城北渡，押解去聊城途中所作。全诗揭示了河北一带遭劫后的残破景象，控诉了蒙古侵略者的掠夺罪行。

①癸巳，指1233年。②桑梓，家乡。龙沙，沙漠，泛指塞外之地。这句话描写原来繁华的家乡被劫后，已是白骨成堆，一片荒凉，有如沙漠一样。③河朔，河北。

86 上京即事①(其一)
SHANGJING JI SHI

(元) 萨都剌
(Yuán) Sà Dūlà

牛羊散漫落日下②,
Niú yáng sàn màn luòrì xià,

野草生香乳酪甜。
Yěcǎo shēng xiāng rǔlào tián.

卷地朔风沙似雪③,
Juǎn dì shuòfēng shā sì xuě,

家家行帐下毡帘④。
Jiājiā xíng zhàng xià zhān lián.

　　萨都剌(1300—?),字天锡,号直斋,先世是西域回回族(答失蛮氏)。雁门(今山西代县)人。他的诗大都清丽俊逸。著有《雁门集》。

　　《上京即事》是组诗,共五首。作者以清新的笔调描绘了祖国北方风光和少数民族的生活。这里选的是其中一首,着重描写边民日落放牧和草原牧民的生活习俗。

　　①上京,上都,故址在今内蒙古正蓝旗东闪电河北岸。②散漫,形容牛、羊三五成群,分散、游动在草原上的情景。③朔风,冬天的北风。④行帐,帐篷。毡,羊毛制成的毡;毡帘,挂在帐篷门上用以避风保暖。

天净沙·秋思[①]
TIANJINGSHA · QIU SI

（元） 马 致远
(Yuán) Mǎ Zhìyuǎn

枯藤 老树 昏鸦[②],
Kūténg lǎoshù hūnyā,

小桥 流水 人家,
Xiǎoqiáo liúshuǐ rénjiā,

古道 西风 瘦马[③]。
Gǔdào xīfēng shòumǎ.

夕阳 西下,
Xīyáng xī xià,

断 肠 人在天涯[④]。
Duàn cháng rén zài tiānyá.

马致远(？—1321？)字千里，号东篱，大都(今北京)人。他与关汉卿、白朴、郑光祖并称为"元曲四大家"。散曲为元人第一。

这是一首构思别出心裁的小令。作者巧妙地把一个行人亲见的九种景物有机地加以编织构制，渲染出一派萧瑟悲凉的气氛。用词典雅，构思奇特，一气浑成而没有堆砌的痕迹，显出作者有捕捉形象的高度才能。该诗在当时就震动了文坛。诗人因此被誉为"秋思之祖"。

①天净沙，曲牌名。可兼作小令、套曲。小令以这首《秋思》为最著名。②昏鸦，黄昏时归巢的乌鸦。③古道，古老荒凉的小路。④断肠，比喻极为伤心悲痛。天涯，天边，极远的地方。

88 寻 胡 隐 君①
XUN HU YINJUN

（明） 高 启
(Míng) Gāo Qǐ

渡水复渡水，
Dù shuǐ fù dù shuǐ,

看花还看花②。
Kàn huā hái kàn huā.

春风　江上路，
Chūnfēng jiāngshàng lù,

不觉到君家③。
Bù jué dào jūn jiā.

　　高启（1336—1374），字季迪，长洲（今江苏苏州）人。明初著名文学家。元代末年隐居吴淞江边的青丘。明初被召编修《元史》，后因得罪明太祖而被杀。诗风飘逸清新，部分作品反映了民生疾苦。

　　这首诗写作者去访问一位姓胡的隐士，描写一路上的幽美环境。道道流水，处处鲜花，构成一幅江南水乡优美图画。

　　①寻，访问，拜访。隐君，隐士。②这两句说，一路上渡过了一道又一道水，沿路长满了看不尽的鲜花。③不觉，不知不觉。君，指胡隐士。此句说因为沿途风景优美，忘却了疲劳，不知不觉就到了胡隐士家中。

89 京师得家书[①]

JINGSHI DE JIASHU

（明）　袁　凯
(Míng)　Yuán Kǎi

江水三千里[②]，
Jiāngshuǐ sānqiān lǐ,

家书十五行。
Jiā shū shíwǔ háng.

行行无别语，
Hángháng wú biéyǔ,

只道早归乡[③]。
Zhǐ dào zǎo guī xiāng.

　　袁凯，生卒年不详。字景文，号海叟，松江华亭（今上海松江县）人。任明代监察御史。博学善辩。后因事为明太祖不满，托病辞归乡里。

　　这是一首巧用数字来表现家书珍贵的抒情诗。在远隔家乡千里之外，得到妻子短短十五行的家书，然行行都是"早点归来"的话，表达了夫妻间的感情之深和相思之切。

　　①京师，指明朝京都南京。家书，**家信**。②三千里，极言路途遥远。从松江到南京并没有三千里。③道，说。

90 石灰吟
SHIHUI YIN

(明)于　谦
(Míng) Yú Qiān

千锤万凿出深山①,
Qiān chuí wàn záo chū shēnshān,

烈火焚烧若等闲②。
Lièhuǒ fénshāo ruò děngxián.

粉身碎骨浑不怕③,
fěnshēn suìgǔ hún bú pà,

要留清白在人间。
Yào liú qīngbái zài rénjiān.

于谦(1398—1457)字廷益,浙江钱塘(今浙江杭州)人,明代杰出的政治家和军事家,也是一位爱国爱民的诗人。

这首诗据说是作者十二岁时所写。他借石灰来抒发自己不畏艰险,不怕牺牲,自愿贡献出一切的高尚志向。

①千锤万凿,用锤子、凿子来击打、开采。全句说从深山中开采出烧石灰的原料。②若等闲,好象很平常。这句说山石经过焚烧成为石灰。③浑,全。这句指石灰使用前先要化得粉碎,才能用来粉刷墙壁。④清白,表面指石灰颜色,实指自己的好名声。这句接上一句是说,只要把清白留在世上,那么自己即使粉身碎骨也不害怕。

91 朝天子·咏
CHAO TIANZI · YONG

喇叭①
LABA

（明）　王　磐
(Míng) Wáng Pán

喇叭，
Lǎba,

锁哪②，
Suǒnà,

曲儿小 腔儿大③。
Qǔ'er xiǎo qiāng'er dà.

官船 来往 乱如麻，
Guānchuán láiwǎng luàn rú má,

全 仗 你抬身价。
Quán zhàng nǐ tái shēnjià.

军听了军愁，
Jūn tīngle jūn chóu,

民 听了民 怕。
Mín tīngle mín pà.

哪里去辨什么真共假？
Nǎli qù biàn shénme zhēn gòng jiǎ?

眼见的吹翻了这家，
Yǎn jiànde chuī fānle zhè jiā,

吹伤了那家，
Chuī shāngle nà jiā,

只吹的水尽鹅飞罢④！
Zhǐ chuīde shuǐ jìn é fēi bà!

王磐（约1470—1530）字鸿渐，高邮（今江苏高邮）人。明散曲家。所作散曲题材广泛。

明正德年间，宦官当权，曾以各种各样名义搜刮钱财。官船所到之处，吹起喇叭摆威风，到处敲榨勒索征丁役，百姓深受其苦。于是作者写了这首曲，生动地描写了喇叭声给人民带来的种种灾难。语言幽默，讽刺尖锐，表现了作者对宦官的憎恨和对老百姓的同情。

①朝天子，曲牌名。②锁哪，即唢呐，象喇叭形状的一种乐器。③曲儿小腔儿大，是说喇叭唢呐吹奏的曲调简单，但声音大，形容来势凶猛，讽喻宦官依仗皇帝的宠信，横行不法。④水尽鹅飞，形容被扰得鸡犬不宁，隐喻百姓都已倾家荡产。

92 明日歌
MINGRI GE

(明) 文 嘉
(Míng) Wén Jiā

明日复明日,
Míngrì fù míngrì,

明日何其多①!
Míngrì héqí duō!

我生待明日②,
Wǒ shēng dài míngrì,

万事成蹉跎③。
Wànshì chéng cuōtuó.

世人若被明日累④,
Shìrén ruò bèi míngrì lèi,

春去秋来老将至。
Chūn qù qiū lái lǎo jiāng zhì.

朝看东流水,
Zhāo kàn dōng liú shuǐ,

暮看日西坠⑤。
Mù kàn rì xī zhuì.

百 年 明日 能 几何？
Bǎi nián míngrì néng jǐhé?

请 君 听 我 明日 歌。
Qǐng jūn tīng wǒ míngrì gē.

文嘉（1501—1583），明画家，字休承，号文水，长洲（今江苏吴县）人，擅画山水花卉，工小楷，好作诗。

《明日歌》和作者另一首《今日歌》是姐妹篇，都是劝戒之歌。作者告诫人们今日之事莫待明日做，若是什么事都要等到明日去做，则将一事无成。

①何其多，那么多。②生，一生。③蹉跎，时间白白浪费，光阴虚度。④累，连累，受害。⑤坠，落下，这里指太阳落山。

93 舟夜书所见①
ZHOU YE SHU SUO JIAN

(清) 查 慎 行
(Qīng) Zhā Shènxíng

月黑见渔灯,
Yuè hēi jiàn yúdēng,

孤光一点萤②。
Gū guāng yì diǎn yíng.

微微风簇浪③,
Wēiwēi fēng cù làng,

散作满河星。
Sǎn zuò mǎn hé xīng.

查慎行(1650—1727),字悔余,号初白,浙江海宁人。清代诗人,擅长描写自然景物和旅途生活。

这首诗描写迷人的夜间水上景色。在没有月亮,只有一盏渔灯的夜晚,从微光中,突然一阵微风吹来,水波荡漾,划散了映在水中的闪烁的星星。

①意为夜晚在舟中记录所遇见的事情。②孤光,孤零零的灯光。萤,萤火虫。这是比喻灯光微弱。③风簇浪。风吹起了波浪。

94 养 蚕 词
YANG CAN CI

(清) 缪 嗣寅
(Qīng) Miào Sìyín

蚕初生,
Cán chū shēng,

采桑陌上提筐行①;
Cǎi sāng mòshàng tí kuāng xíng;

蚕欲老②,
Cán yù lǎo,

夜半不眠常起早。
Yè bàn bù mián cháng qǐ zǎo.

衣不暇浣发不簪③,
Yī bù xiá huàn fà bù zān,

还恐天阴坏我蚕④。
Hái kǒng tiān yīn huài wǒ cán.

回头吩咐小儿女,
Huí tóu fēnfù xiǎo ér nǚ,

蚕欲上山莫言语⑤。
Cán yù shàng shān mò yányǔ.

缪嗣寅(约1662—1722),清代诗人,字朝曦,江苏吴县人。

这首诗描写江南农家妇女养蚕的艰辛,富有浓郁的生活气息。从蚕的初生到结茧,农村妇女们早晚都要采桑照料,忙得顾不上梳洗,还要儿女们处处小心翼翼,唯恐意外,一心祈望蚕花丰收。

①陌,田埂。②老,蚕到将结茧上山时,不吃不动,这时叫"老蚕"。③不暇,没有时间。浣,洗。簪,妇女插在头发上的首饰。这里作动词解,表示梳理打扮的意思。④这句说,还担心天气不好,蚕会受到损害。⑤上山,蚕要结茧时,要放到蚕山上,蚕山是用稻草扎起来的簇,把蚕放在簇上就慢慢地在上面吐丝结茧。过去迷信讲,蚕上山时,人们不可讲话,否则要得罪蚕花娘娘,茧子就结不好了。

95 慈仁寺 荷花 池①
CIRENSI HEHUA CHI

(清) 何 绍基
(Qīng) Hé Shàojī

坐 看 倒影 浸 天河②,
Zuò kàn dàoyǐng jìn tiānhé,

风 过 栏干 水 不 波。
Fēng guò lángān shuǐ bù bō.

想 见 夜 深 人 散 后,
Xiǎng jiàn yè shēn rén sàn hòu,

满 湖 萤火 比 星 多。
Mǎn hú yínghuǒ bǐ xīng duō.

何绍基(1799—1873),字子贞,号东洲,晚年号蝯(yuán)叟,湖南道州(现湖南道县)人。清代诗人和书法家。他的诗作学苏轼和黄庭坚,大都描写个人日常生活。

这首诗描写夏夜池上的景色。在小小池塘里,看到倒映在池中的天河,微风过处水不扬波。想象到夜深人静之后,萤火虫在湖面上比映在水中的星星还多。

①慈仁寺,寺庙名。②这句说池塘中有天河的倒影,看去荷花似浸在天河里一样。

96 村居
CUN JU

(清) 高 鼎
(Qīng) Gāo Dǐng

草长莺飞二月天,
Cǎo zhǎng yīng fēi Èryuè tiān,

拂堤杨柳醉春烟①。
Fú dī yángliǔ zuì chūnyān.

儿童散学归来早,
Értóng sàn xué guīlái zǎo,

忙趁东风放纸鸢②。
Máng chèn dōngfēng fàng zhǐyuān.

高鼎,生卒年不详,字象一,又字拙吾;浙江仁和(现浙江杭州市)人。他的诗善于描写自然景物。

这首诗描写了春光明媚的二月,一群活泼的儿童正迎着东风在放纸鸢的情景。

①拂堤,杨柳枝条下垂,象是在抚摸着堤岸。春烟,春天水泽草木间蒸发出来的雾气。醉,作动词,形容春烟秾丽,杨柳都似乎为之迷醉了。②忙趁,儿童一放学就忙着去放风筝,不放过东风劲吹的好机会。纸鸢,风筝。

97 己亥杂诗①（选一）
JIHAI ZA SHI

（清）龚自珍
(Qīng) Gōng Zìzhēn

九州 生气 恃风雷②，
Jiǔzhōu shēngqì shì fēngléi,

万马齐喑究可哀③。
Wàn mǎ qí yīn jiū kě āi.

我劝天公重抖擞④，
Wǒ quàn tiāngōng chóng dǒu sǒu;

不拘一格降人才⑤。
Bù jū yì gé jiàng réncái.

自注：过镇江⑥，见赛玉皇⑦及风神、雷神者，祷词万数，道士乞撰青词⑧。

龚自珍（1792—1841），字尔玉，又字璱人，号定庵，浙江仁和（今浙江杭州）人。中国近代史上一位卓越的思想家、著名诗人。

这是作者途经镇江，看到当地正举行祈祷玉皇、风神、雷神的庙会。于是利用撰写诗词的机会,尽情抒发，表达了诗人盼望天外来一阵惊雷，打破沉闷的局面，解除各种清规戒律，让各种人才蓬勃出现的愿望。

①己亥，清道光19年（1839年）龚自珍不满清朝腐败政治，辞官南下，从北京回到杭州,途中前后写成315首绝句。②九州，指中国,古代中国分九州。恃,依靠。③喑，哑，不发声。句意说，万马却没有一点声音．实在是可悲哀的。喻士大夫不敢对当时的政局发表意见。④抖擞，振作精神。⑤不拘一格，不拘泥于一种方式。两句意为我愿老天能重新振作起精神，降下各种各样的人才来。⑥镇江，现江苏镇江市，位于长江南岸。⑦玉皇，道教尊之为天上的最高统治者。⑧青词，道教举行仪式时用的文章，用朱砂写在青藤纸上。

98 赠梁任父
ZENG LIANG RENFU

同年①
TONG NIAN

(清) 黄遵宪
(Qing) Huáng Zūnxiàn

寸寸 山河 寸寸 金②,
Cùncùn shānhé cùncùn jīn,

孤离 分裂 力 谁 任③?
Kūlí fēnliè lì shuí rèn?

杜鹃 再拜 忧 天 泪④,
Dùjuān zài bài yōu tiān lèi,

精卫 无穷 填 海 心。
Jīngwèi wúqióng tián hǎi xīn.

黄遵宪（1848—1905）字公度，广东嘉应州（今广东梅县）人。先后担任驻日、美、英等国外交官近二十年。深受欧美影响，积极主张变法维新。在诗歌中常表露出反帝爱国思想。语言通俗，意境新颖。

这是黄遵宪邀请梁启超到上海办《时务报》时写给梁的一首诗，表现了作者愿意为国献身、变法图强的坚强决心，并对梁启超寄予了热切的期望。

①梁任父，即梁启超，号任公。父，旧时加在男子名、号后的美称。同年，旧时科举制度称同榜考中的人为"同年"。②这句意思是祖国土地象金子似的宝贵。③瓜离，分割。这句意思是，谁能为制止祖国被分裂而贡献力量呢？④杜鹃，据传五代蜀国国王死后化为杜鹃鸟。杜鹃在春天悲啼，声音悲痛，直到啼出血来死去。忧天，这是一个典故。说古代杞国有个人担心天要塌下来，因此愁得睡不着吃不下。此处指为国家前途忧虑。⑤精卫，神话中的神鸟，传说精卫是炎帝的女儿，因淹死东海化为精卫鸟。她不断地衔着西山的木石，要把东海填平。此句说要象精卫那样，为祖国的存亡而献出自己的全部力量。

99 台湾　竹枝词①（其一）
TAIWAN ZHUZHICI

（清）梁　启　超
(Qīng) Liáng Qǐchāo

相思　树底　说　相思②，
Xiāngsī shù dǐ shuō xiāngsī,

思郎　恨郎　郎　不知。
Sī láng hèn láng láng bù zhī.

树　头　结得　相思子，
Shù tóu jié dé xiāngsīzǐ,

可是　郎　行思妾时？
kě shì láng xíng sī qiè shí?

梁启超（1873—1929），字卓如，号任公，别号饮冰室主人。广东新会（现广东新会）人。康梁维新变法运动的头面人物。辛亥革命后曾任北洋政府财政总长等职。他的散文语言流畅，感情丰富，自成一家。作诗较晚，现存一百多首，大部分是流亡国外时所作。

这是作者根据台湾民歌加以改写的一组情歌中的一首。前有小序，表达了作者对于日本帝国主义侵占下的台湾和台湾人民的无比眷恋之情。

①1911年（宣统三年），作者游台湾时作，原诗十首选其一。②相思树，即红豆树，一种乔木。它的种子叫红豆，也叫相思子，色泽鲜红，生长在我国南方。古代文学作品中常用来象征爱情或表示相思。

100 本事 诗(选一)
BENSHI SHI

(清) 苏 曼 殊
(Qīng) Sū Mànshū

春雨 楼 头 尺八 箫①,
Chūnyǔ lóu tóu chǐbā xiāo,

何时 归 看 浙江潮②?
Héshí guī kàn Zhèjiāngcháo?

芒鞋 破钵 无 人 识③,
Mángxié pòbō wú rén shí,

踏过 樱花 第几 桥④?
Tà guò yīnghuā dì jǐ qiáo?

苏曼殊(1884—1918),原名玄瑛,字子谷,广东中山人。曼殊是他二十岁出家后的僧号。

这是作者1909年春在日本写的寄寓身世之慨的组诗。共十首,这里选一首。诗中表达了作者身处异国的孤独感和对祖国的怀念之情。

①尺八箫,日本的一种箫。②浙江潮,指钱江潮。每年阴历八月十八日,海潮和江流相冲击,激起万丈巨浪,形成中外闻名的天下奇观。这句意思是早日回到祖国怀抱。③芒鞋,草鞋。钵,和尚的食器。"芒鞋破钵"是云游四方的和尚形象。④樱花,一种落叶乔木。春天开放粉红色或白色的花,盛产于日本,被日本称作国花。

APPENDIX

CONTENTS

1. The Cooing Ospreys ·················168
   (*The Book of Songs*)
2. Song of the Papaya ·················169
   (*The Book of Songs*)
3. Song of the Canglang River ··········170
   (*Song from the Chu State*)
4. Song of the Yi River ················170
   (*JingKe*)
5. Song of Gaixia ······················171
   (*Xiang Yu*)
6. Song of the Great Wind ··············172
   (*Liu Bang*)
7. South China ·························172
   (*A Han Yuefu*)
8. Ballad of Time ·····················173
   (*A Yuefu Song*)
9. The Divine Turtle May Live Long ···174
   (*Cao Cao*)
10. Seven-Step Poem ····················175
    (*Cao Zhi*)
11. On Returning to My Garden and Field ··························175

(Tao Yuanming)

12. On Drinking ·················176
    (Tao Yuanming)
13. Ballad of *Chile* ················177
    (A Yuefu of the Northern Dynasties)
14. Thoughts of Home ···············178
    (Xue Daoheng)
15. Farewell to Vice-Prefect Du ············178
    (Wang Bo)
16. On Climbing Youzhou Tower ·········179
    (Chen Zi'ang)
17. On the Stork Tower ···············180
    (Wang Zhihuan)
18. Song of Liangzhou ················180
    (Wang Zhihuan)
19. Coming Home ··················181
    (He Zhizhang)
20. A Spring Morning ················181
    (Meng Haoran)
21. Thinking of My Brothers on Mountain-Climbing Day ··············182
    (Wang Wei)
22. The Deer Enclosure ···············183
    (Wang Wei)
23. Love Seeds ····················183
    (Wang Wei)

24. To Yuan the Second, Who Is off to Anxi on a Mission 184
    (Wang Wei)
25. On the Frontier 184
    (Wang Changling)
26. Seeing Xin Jian off at Hibiscus Pavilion 185
    (Wang Changling)
27. A Tranquil Night 186
    (Li Bai)
28. Song of Qiupu 186
    (Li Bai)
29. Seeing Meng Haoran off at Yellow Crane Tower 187
    (Li Bai)
30. Watching the Waterfall at Mt. Lushan 187
    (Li Bai)
31. Leaving the White Emperor Town for Jiangling 188
    (Li Bai)
32. The Song of Liangzhou 189
    (Wang Han)
33. The Youngsters of Yingzhou 189
    (Gao Shi)
34. Staying Overnight by Mt. Furong in a Snowstorm 190

(Liu Changqing)

35. A Quatrain ················191
    (Du Fu)
36. Walking Along by the Riverside to Enjoy Flowers ················191
    (Du Fu)
37. A Quatrain ················192
    (Du Fu)
38. A Spring View ················192
    (Du Fu)
39. Coming Across Li Guinian on the Southern Shore ················193
    (Du Fu)
40. Climbing the Height ················194
    (Du Fu)
41. On Meeting a Messenger Going to the Capital ················195
    (Cen Shen)
42. "Cold Food" Festival ················196
    (Han Hong)
43. On the West Stream at Chuzhou ······196
    (Wei Yingwu)
44. Mooring at Night by Maple Bridge ···197
    (Zhang Ji)
45. Song of a Roamer ················198
    (Meng Jiao)

46. A Southern Song ·············· 198
    (Li Yi)
47. A Complaint in Spring ············ 199
    (Jin Changxu)
48. At a Village South of the Capital ······ 199
    (Cui Hu)
49. Grass ························· 200
    (Bai Juyi)
50. Remembering the South of the Yangtze River — to the Tune of *Yijiangnan* 200
    (Bai Juyi)
51. Hoeing ························ 201
    (Li Shen)
52. Song of Bamboo Fronds ············ 202
    (Liu Yuxi)
53. The Street of Mansions ············ 202
    (Liu Yuxi)
54. Snow in Spring ················· 203
    (Han Yu)
55. Fishing in Snow ················· 204
    (Liu Zongyuan)
56. An Old Fisherman ··············· 204
    (Liu Zongyuan)
57. After the Parting ················ 205
    (Yuan Zhen)
58. To the Lord Examiner on the Eve of

  Examination ·················206
  (*Zhu Qingyu*)
59. An Uphill Trip ···················206
  (*Du Mu*)
60. A Quatrain: The Palace on Mt. Lishan ·······················207
  (*Du Mu*)
61. Springtime South of the Yangtze River ························207
  (*Du Mu*)
62. Early Spring ·····················208
  (*Du Mu*)
63. Written on a Rainy Night to My Wife in the North ···················208
  (*Li Shangyin*)
64. On the Merry-Making Plain ···········209
  (*Li Shangyin*)
65. The Honeybee ···················210
  (*Luo Yin*)
66. Seeing off Master Jinglong, a Japanese Monk, to His Native Land········210
  (*Wei Zhuang*)
67. The Fisherman on the River ·········211
  (*Fan Zhongyan*)
68. The Tile Burners ·················211
  (*Mei Yaochen*)

69. The Thrushes 212
    (Ouyang Xiu)
70. A Boat Moored at Guazhou 213
    (Wang Anshi)
71. The Plum Blossoms 213
    (Wang Anshi)
72. Two Inscriptions on the Wall of Mr. Hu Yin's House 214
    (Wang Anshi)
73. Drinking at the Lake, First It's Sunny, Then It Rains 214
    (Su Shi)
74. An Inscription on the Wall of Xilin Temple 215
    (Su Shi)
75. On Hui Chong's "Evening Scene on the Spring River" 216
    (Su Shi)
76. A Quatrain 216
    (Li Qingzhao)
77. Walking in Early Morning out of the Temple of Purified Benevolence — to Bid Farewell to Mr. Lin Zifang 217
    (Yang Wanli)
78. Visiting the Village West of the Mountain 218

(Lu You)

79. A Storm on November 4th ············219
    (Lu You)
80. Caught in a Drizzle on My Way to Jianmen Pass ·····································219
    (Lu You)
81. To Sons ···220
    (Lu You)
82. Rural Scenes in Four Seasons ········221
    (Fan Chengda)
83. A Visit to the Garden without Meeting My Friend ·····························221
    (Ye Shaoweng)
84. When Passing Lingdingyang ············222
    (Wen Tianxiang)
85. Crossing to the Northern Shore of the River ····································223
    (Yuan Haowen)
86. Reminiscence in the Capital City ······223
    (Sa Dula)
87. Autumn Thoughts — to the Tune of *Tianjingsha* ·································224
    (Ma Zhiyuan)
88. Visiting Hermit Hu ························225
    (Gao Qi)
89. A Letter from Home ······················225

  (Yuan Kai)
90. Ode to the Lime ································226
  (Yu Qian)
91. A Satire on the Trumpet — to the
  Tune of *Chaotianzi* ·······················226
  (Wang Pan)
92. Song of Tomorrow ························227
  (Wen Jia)
93. A Night Scene by the River ············228
  (Zha Shenxing)
94. A Song of Silkworm Breeding ·········229
  (Miao Siyin)
95. The Lotus Pond of Benevolence
  Temple ····································230
  (He Shaoji)
96. A Pastoral Scene ························230
  (Gao Ding)
97. Miscellanies of the Year Ji-Hai (1839)···231
  (Gong Zizhen)
98. To Liang Renfu ··························232
  (Huang Zunxian)
99. Song of Taiwan Bamboo Fronds ······232
  (Liang Qichao)
100. Homesick ································233
  (Su Manshu)

1. 关 雎 （诗经·周南）

THE COOING OSPREYS

(From Zhounan, The Book of Songs)

On the isles of the river the ospreys are cooing,
A gentleman loves a charming girl, tenderly wooing.

The girl is picking lush spatterdocks left and right,
The gentleman dreams of her graceful figure day and night.

His vain suit makes him desire her even more,
He tosses and turns, suffering sore.

The girl is picking lush spatterdocks here and there,
He imagines befriending her with the lyre's air.

The girl is picking lush spatterdocks left and right,
He imagines sounding the bell and drum to her delight.

2. 木 瓜 （诗经·卫风）
SONG OF THE PAPAYA

(From Weifeng, The Book of Songs)

You gave me a papaya,

And I gave you a jade in return,

No, not just an exchange of gifts,

An expression of eternal love.

You gave me a peach,

And I gave you a jade in return,

No, not just an exchange of gifts,

An expression of eternal love.

You gave me a plum,

And I gave you a jade in return,

No, not just an exchange of gifts,

An expression of eternal love.

       Tr. Wan Changsheng

3. 沧浪歌 （楚 歌）
SONG OF THE CANGLANG RIVER
(Song from the Chu State)

When the waters of the Canglang River are clear,
    They will wash the tassels of my hat!
When the waters of the Canglang River are turbid,
    Only my feet can they wash!

                      Tr. Wan Changsheng

4. 易水歌 （战国）荆轲
SONG OF THE YI RIVER
(Warring States) Jing Ke

The wind is soughing and sighing
Over the cold waters of the Yi River,
The hero will depart and never return.

                        Tr. Wan Changsheng

5. 垓下歌 （秦）项羽

SONG OF GAIXIA

(Qin) Xiang Yu

Strength I had to uproot hills,
    My spirit dominated the age;
Now in this hour of misfortune,
    My dappled steed cannot flee.

Dappled steed, unable to break away,
    What hope is left?
Ah, Lady Yu, my Yu!
    What will become of you?

Cit. *Sunflower Splendor Three Thousand Years of Chinese Poetry*, co-edited by Liu Wuji and Lo Irving Yucheng, Indiana University Press, 1975, p. 29, Tr. Miao Ronald C.

6. 大风歌 （汉）刘邦
SONG OF THE GREAT WIND
(Han) Liu Bang

A great wind rises,
    clouds fly and scatter;
With power over the four seas,
    I return to my homeland;
Where shall I get brave warriors
    to safeguard the four quarters?

Cit. *Sunflower Splendor Three Thousand Years of Chinese Poetry*, P. 29 Tr. Miao Ronald C.

7. 江 南 （汉乐府）
SOUTH CHINA
(A Han Yuefu)

In south China lotuses are everywhere to be picked,
How far the lotus leaves stretch lush and green!

The fish are swimming playfully around,
To the north, south, east and west,
Among the leaves with a joyful heart.

Tr. Wan Changsheng

8. 长 歌 行 (乐府歌辞)

BALLAD OF TIME

(A Yuefu Song)

Sunflowers in the garden are verdant and wet,
    With dews which will vanish in the morning sun.
Warm spring bestows bliss on the earth,
    And makes all things with light aglow.
Bleak autumn is dreadfully approaching,
    It withers flowers and leaves.
Hundreds of rivers flow east to the sea,
    When will they turn back to the west?
Youthful years that are spent in laziness,
    Will reap only vain regret and grief.

Tr. Wan Changsheng

9. 龟虽寿 （三国）曹操

THE DIVINE TURTLE MAY LIVE LONG

(Three Kingdoms) Cao Cao

The divine turtle may live long,
    But it is still mortal and finally gone.

The mythical snake may ride cloud and mist,
    Yet in the end it will turn to dust.

An old steed confined to his stable,
    To gallop a thousand miles he aspires to be able.

A man of ambition in twilight years,
    Extinguished not are his lofty ideals.

To meet calamity or fortune in the end,
    Not only on fate does this depend.

If one knows the art of keeping healthy,
    He will surely enjoy a long, long life.

Now I feel the greatest delight,
    I pen this poem to glorify my thought.

                    Tr. Wan Changsheng

10. 七 步 诗 （其一） （三国）曹植

SEVEN-STEP POEM
(One Selection)
(Three Kingdoms) Cao Zhi

Cooking beans needs beanstalks as fuel,
Beans are seasoned by fermented soya beans.
The beanstalks are burning beneath the wok,
Within the wok the beans are sobbing:
"Beans and beanstalks grow from the same root,
Why should we burn and torture so?"

Tr. Wan Changsheng

11. 归园田居（其一）（东晋）陶渊明

ON RETURNING TO MY GARDEN AND FIELD
(One Selection)
(Eastern Jin) Tao Yuanming

I plant beans at the foot of the southern hill;
The grass is thick and bean sprouts are sparse.
At dawn, I rise and go out to weed the field;

Shouldering the hoe, I walk home with the moon.
The path is narrow, grass and shrubs are tall,
And evening dew dampens my clothes.
Wet clothes are no cause for regret
So long as nothing goes contrary to my desire.

Cit. *Sunflower Splendor Three Thousand Years of Chinese Poetry*, P. 52, Tr. Liu Wuji.

12. 饮 酒 陶渊明

ON DRINKING

(Eastern Jin) Tao Yuanming

I live among people coming and going,
No carriage and horse are heard rolling.
Why can you manage to feel like this?
Quiet of place is born of the mind's peace.
While plucking chrysanthemums by the eastern fence,

I command a leisurely view of the South Hill hence.

The mountain scene is most beautiful in the setting sun,

Flocks of birds are flying home one after one.

Nature holds out so much to me,

To express myself, words fail me.

       Tr. Wan Changsheng

13. 敕勒歌 （北朝乐府）
BALLAD OF CHILE

(A Yuefu of the Northern Dynasties)

Over the great plains of *Chile*

At the foot of the Yin Mountains,

The sky looks like a yurt

  Which domes the extensive lands.

Vast are the skies, boundless the wilds.

The wind reveals grazing heards amid the grass low.

       Tr. Wan Changsheng

14. 人日思归 　　（隋）薛道衡

THOUGHTS OF HOME

(Sui) Xue Daoheng

Seven short days have passed since spring came around,
But two long years are spent since I left home.
Wild geese have flown north earlier than I'm homeward bound,
My thoughts of home arise before flowers are in bloom.

　　　　　　　　　　　Tr. Wan Changsheng

15. 送杜少府之任蜀州 　　（唐）王勃

FAREWELL TO VICE-PREFECT DU

(Tang) Wang Bo

You leave the walled capital
For river shores where mist veils all.
We part, officials far from home,
Over an alien land we roam.
If you've a friend who knows your heart,

Distance can't keep you two apart.
At crossroads where we bid adieu,
Do not shed tears as women do!

Cit. 300 *Tang Poems*——*A New Translation*, co-edited by Xu Yuanchong, Lu Peixian and Wu Juntao, The Commercial Press, Ltd. Hong Kong, 1987. P. 3, Tr. Xu Yuanchong.

16. 登幽州台歌　　（唐）陈子昂

ON CLIMBING YOUZHOU TOWER

(Tang) Chen Zi'ang

Where are the sages of the past
　　And those of future years?
Sky and earth forever last,
　　Lonely, I shed sad tears.

Cit. 300 *Tang Poems*——*A New Translation*, P. 8, Tr, Xu Yuanchong.

17. 登鹳雀楼 （唐）王之涣
ON THE STORK TOWER
(Tang) Wang Zhihuan

The sun beyond the mountains glows;
The Yellow River seawards flows.
You can enjoy a grander sight
By climbing to a greater height.

Cit. 300 *Tang Poems——A New Translation*, P. 14, Tr. Xu Yuanchong.

18. 凉州词 王之涣
SONG OF LIANGZHOU
(Tang) Wang Zhihuan

Far up into white clouds the Yellow River flies.
In mountains myriad metres high the lonely town lies.
Why need the Qiang flute complain of no willow?
Beyond Yumen Pass no spring breezes will blow.

        Tr. Huang Xingsheng

19. 回乡偶书 　　（唐）贺知章

COMING HOME

(Tang) He Zhizhang

I left home young and not till old do I come back,
My accent is unchanged, my hair no longer black.
The children don't know me whom I meet on the way,
"Where d'you come from, reverend sir?" they smile and say.

Cit. 300 *Tang Poems——A New Translation*, P. 7, Tr. Xu Yuanchong.

20. 春　晓 　　（唐）孟浩然

A SPRING MORNING

(Tang) Meng Haoran

This morn of spring in bed I'm lying,
Not woke up till I heard birds crying.

After one nigh. of wind and showers,
How many are the fallen flowers!

Cit. 300 *Tang Poems*——*A New Translation*, P. 28, Tr. Xu Yuanchong.

21. 九月九日忆山东兄弟 (唐)王维
THINKING OF MY BROTHERS ON MOUNTAIN-CLIMBING DAY

(Tang) Wang Wei

Alone, a lonely stranger in a foreign land,
    I doubly pine for my kinsfolk on holiday.
I know my brothers would, with dogwood spray in hand,
    Climb up the mountain and miss me so far away.

Cit. 300 *Tang Poems*——*A New Translation*, P. 80, Tr. Xu Yuanchong.

22. 鹿柴 王维

THE DEER ENCLOSURE

(Tang) Wang Wei

I see no one in mountains deep
  But hear a voice in the ravine.
Through the dense wood the sunbeams peep
  And are reflect'd on mosses green.

Cit. 300 *Tang Poems——A New Translation*, P. 87, Tr. Xu Yuanchong.

23. 相思 王维

LOVE SEEDS

(Tang) Wang Wei

Red berries grow in southern land,
  In spring they overload the trees.
Gather them till full is your hand:
  They would revive fond memories.

Cit. 300 *Tang Poems——A New Translation*, P. 81, Tr. Xu Yuanchong.

24. 送元二使安西　　王维

TO YUAN THE SECOND, WHO IS OFF TO ANXI ON A MISSION

(Tang) Wang Wei

A morning shower has settled the dust in the air;
What a fresh green the willows put up near the inn!
Oh, take one cup more of this good old wine, my dear
For you'll meet no old acquaintance out in the west.

Tr. Yao Zupei

25. 出　塞　　（唐）王昌龄

ON THE FRONTIER

(Tang) Wang Changling

The age-old moon still shines o'er the ancient Great Wall,
But our frontier guardsmen have not come back at all.

Were the winged general of Dragon City here,
The Tartar steeds would not dare to cross the frontier.

Cit. 300 *Tang Pomes——A New Translation*, P. 50, Tr. Xu Yuanchong.

26. 芙蓉楼送辛渐 　　　王昌龄

SEEING XIN JIAN OFF AT HIBISCUS PAVILION

(Tang) Wang Changling

Along the river that merged with a cold rain
We entered the Wu city late at night.
Early at daybreak I bid you farewell,
With only the lone Chu Mountain in sight.

If my kinsfolk in Luoyang should feel concerned,
Please tell them for my part,
Like a piece of ice in a crystal vessel,
Fore'er aloof and pure remains my heart.

Cit. 300 *Tang Poems-A New Translation*, P. 49, Tr. Tao Jie.

27. 静夜思 (唐) 李白

A TRANQUIL NIGHT

(Tang) Li Bai

Before my bed a pool of light,
    Is it hoarfrost upon the ground?
Eyes raised, I see the moon so bright;
    Head bent, in homesickness I'm drowned.

Cit. 300 *Tang Poems——A New Translation*, P. 125, Tr. Xu Yuanchong.

28. 秋浦歌(其十五) 李白

SONG OF QIUPU
(One Selection)

(Tang) Li Bai

My white hair has grown thirty thousand
    metres,
Because my heart is laden with so much sorrow.
But how the autumn frosts could steal
Into my bright looking-glass, I don't know.

                              Tr. Huang Xingsheng

29. 黄鹤楼送孟浩然之广陵 李白

SEEING MENG HAORAN OFF AT YELLOW CRANE TOWER

(Tang) Li Bai

My friend has left the west where towers Yellow Crane
For River Town when willow-down and flowers reign.
His lessening sail is lost in the boundless azure sky,
Where I see but the endless River rolling by.

Cit. *300 Tang Poems——A New Translation*, P. 94, Tr. Xu Yuanchong.

30. 望庐山瀑布 李白

WATCHING THE WATERFALL AT MT. LUSHAN

(Tang) Li Bai

A violet smoke ascends from Xianglu Peak in sunlight.

Far off I watch the waterfall above a stream hanging.

A flying flow descends straight three thousand feet.

I wonder if the Milky Way from the Ninth Sky is falling.

Tr. Huang Xingsheng

31. 早发白帝城   李白

LEAVING THE WHITE EMPEROR TOWN FOR JIANGLING

(Tang) Li Bai

Leaving at dawn the White Emperor crowned with cloud,
    I've sailed a thousand li through Canyons in a day.
With the monkeys' adieus the riverbanks are loud,
    My skiff has left ten thousand mountains far away.

Cit. 300 *Tang Poems——A New Translation*, P. 92, Tr. Xu Yuanchong.

32. 凉 州 词 （唐）王翰

THE SONG OF LIANGZHOU

(Tang) Wang Han

The cups of crystal jade with sweetened wine
   are gleaming bright,
The warriors feel charmed to drink and hear
   pipa tunes from horseback.
O thou, never think of them lying besotted
   on the battlefield with despite;
Since ancient times how many warriors from
   death can come back?

Tr. Wang Jianzhong

33. 营 州 歌 （唐）高适

THE YOUNGSTERS OF YINGZHOU

(Tang) Gao Shi

The youngsters of Yingzhou are intimate
   with the wilds,
Wrapped up in fur they like to hunt along

the city wall;

How they can drink, a thousand bowls of wine won't fuddle them,

And the barbarians of ten years old can mount a steed.

Tr. Yao Zupei

34. 逢雪宿芙蓉山主人 (唐)刘长卿

STAYING OVERNIGHT BY MT. FURONG IN A SNOWSTORM

(Tang) Liu Changqing

The ashen hills stretched farther as the dusk stole near.

The cottage appeared poorer against the chilly light.

Then barking burst out from the brushwood door,

The travellers had returned in the snowstorm at night.

Tr. Huang Xingsheng

35. 绝 句 （唐）杜甫

A QUATRAIN

(Tang) Du Fu

The golden orioles sing merrily in the greenish willow,
And white herons rise to the emerald sky in a long array.
The window images the west mountain's thousand-year snow,
By the door are mooring ships from Eastern Wu ten thousand li away.

Tr. Wang Jianzhong

36. 江畔独步寻花 杜甫

WALKING ALONG BY THE RIVERSIDE TO ENJOY FLOWERS

(Tang) Du Fu

The path of Fourth Lady Huang's home with flowers is aglow,
Ten thousand blossoms bend the branches low.
Lingering butterflies dance in play,
And sweet orioles twitter a rhapsody.

Tr. Wang Jianzhong

37. 绝句二首 (其一) 杜甫

A QUATRAIN (One of a Pair)

(Tang) Du Fu

Over the beautiful landscape the day lingers long,
The flowers and grass in vernal winds spread their balm.
When the frozen mud thaws, the swallows flutter along;
On the warm sands the mandarin ducks sleep in calm.

Tr. Wang Jianzhong

38. 春望 杜甫

A SPRING VIEW

(Tang) Du Fu

As ever are hills and rills while my country crumbles;
When springtime comes over the Capital the grass scrambles.

Blossoms invite my tears as in wild times they bloom;

The flitting birds stir my heart as I'm parted from home.

For three months the beacon fires soar and burn the skies.

A family letter is worth ten thousand gold in price.

I scratch my head, and my grey hair has grown too thin,

It seems, to bear the weight of the jade clasp and pin.

Cit. 300 *Tang Poems——A New Translation*, P. 151, Tr. Wu Juntao.

39. 江南逢李龟年   杜 甫

COMING ACROSS LI GUINIAN ON THE SOUTHERN SHORE

(Tang) Du Fu

At the palatial residence we often met;

   In Courtier's Hall for many times I heard you sing.

The Southern scenery is now to forget,
>   But I meet you again when flowers part with spring.

Cit. *300 Tang Poems——A New Translation*, P. 190, Tr. Xu Yuanchong.

40. 登高 杜甫

CLIMBING THE HEIGHT

(Tang) Du Fu

The wind so swift, the sky so steep, sad gibbons cry;

Water so clear and sand so white, backward birds fly.

The boundless forest sheds its leaves shower by shower;

The endless River rolls its waves hour after hour.

Far from home in autumn, I'm grieved to see my plight;

After my long illness, I climb alone this height.

Living in hard times, at my frosted hair I pine;
Pressed by poverty, I give up my cup of wine.

Cit. 300 *Tang Poems——A New Translation*, P. 185, Tr. Xu Yuanchong.

41. 逢 入 京 使 (唐)岑参

ON MEETING A MESSENGER GOING TO THE CAPITAL

(Tang) Cen Shen

I look east to homeland, long, long the road appears,
My old arms tremble and my sleeves are wet with tears.
Meeting you on horseback, with what brush can I write?
I can but ask you to tell them I am all right.

Cit. 300 *Tang Poems——A New Translation*, P. 202, Tr. Xu Yuancheng.

42. 寒 食　　（唐）韩翃

"COLD FOOD" FESTIVAL

(Tang) Han Hong

All over the capital catkins flew wantonly,
A scene of the spring so significant:
On 'Cold Food" the east wind wilfully
Made the imperial willows slant.

Now as the dusk approached quietly,
Within the Han palace candles glowed;
Towards the five mansions of nobility
The silvery smoke of the tapers flowed.

Cit. 300 *Tang Poems——A New Translation*, P. 227, Tr. Hu Zhuanglin.

43. 滁 州 西 涧　　（唐）韦应物

ON THE WEST STREAM AT CHUZHOU

(Tang) Wei Yingwu

Alone I like the riverside where green grass
　　grows

And golden orioles sing amid the leafy trees.
With spring showers at dusk the river overflows,
A lonely boat athwart the ferry floats at ease.

Cit. 300 *Tang Poems*——*A New Translation*, P. 248, Tr. Xu Yuanchong.

44. 枫桥夜泊 (唐)张继

MOORING AT NIGHT BY MAPLE BRIDGE

(Tang) Zhang Ji

The moon goes down, crows cry under the frosty sky,
Dimly-lit fishing boats 'neath maples sadly lie.
Beyond the Gusu Walls the Temple of Cold Hill
Rings bells which reach my boat, breaking the midnight still.

Cit. 300 *Tang Poems*——*A New Translation*, P. 224, Tr. Xu Yuanchong.

45. 游子吟 (唐)孟郊
SONG OF A ROAMER

(Tang) Meng Jiao

The threads in a kind mother's hand —
A gown for her son bound for far-off land,
Sewn stitch by stitch before he leaves
    For fear his return be delayed
Such kindness as young grass receives
    From the warm sun can't be repaid.

Cit. 300 *Tang Poems——A New Translation*, P. 257, Tr. Xu Yuanchong.

46. 江南曲 (唐)李益
A SOUTHERN SONG

(Tang) Li Yi

Since I became a merchant's wife,
I've in his absence passed my life.
A sailor's faithful as the tide,
Would I had been a sailor's bride!

Cit. 300 *Tang Poems——A New Translation*, P. 254, Tr. Xu Yuanchong.

47. 春 怨　　　（唐）金昌绪

A COMPLAINT IN SPRING

(Tang) Jin Changxu

Drive orioles off the tree
For their songs awake me
From dreaming of my dear
Far off on the frontier!

Cit. 300 *Tang Poems——A New Translation*, P. 371, Tr. Xu Yuanchong.

48. 题都城南庄　　　（唐）崔护

AT A VILLAGE SOUTH OF THE CAPITAL

(Tang) Cui Hu

A year ago, right here by the doorway,
A lass I saw beside peach-trees in bloom.
Today I see again the smiling flowers,
O where is she gone, the rosy-cheeked lass?

Tr. Yao Zupei

49. 赋得古原草送别 （唐）白居易

GRASS

(Tang) Bai Juyi

Wild grasses spreading o'er the plain,
    With every season come and go.
Heath fire can't burn them up, again
    They rise when the vernal winds blow.
Their fragrance o'erruns the pathway;
    Their color invades the ruined town.
Seeing my friend going away,
    My sorrow grows like grass o'ergrown.

Cit 300 *Tang Poems——A New Translation*, P. 297, Tr. Xu Yuanchong.

50. 忆江南 白居易

REMEMBERING THE SOUTH OF THE YANGTZE RIVER—to the Tune of *Yijiangnan*

(Tang) Bai Juyi

How lovely the South of the Yangtze River!
I knew well its scenery, so enchanting.

The flowers are redder than fire in the rising beams;

The water is as green as emerald in spring.

How could my yearning not haunt my dreams!

Whenever I recall the South of the Yangtze River,

Hangzhou first reappears before my eyes.

In temples I sought osmanthus seeds when the moon was bright;

Lying on pavilion benches I watched the tide rise.

When shall I go to revisit these sights!

Tr. Huang Xingsheng

51. 锄 禾　　　（唐）李绅

HOEING

(Tang) Li Shen

They're weeding in the rice fields at high noon,
With beads of sweat dripping into the soil.
Who would know that each grain in the bowl,
Came to the table out of bitter toil?

52. 竹 枝 词 (唐)刘禹锡

SONG OF BAMBOO FRONDS

(Tang) Liu Yuxi

Green are the willow-trees and gently flows
  the river,
My spark is singing on the bank, his song I
  hear.
Though raining in the west, in the east the
  sun does shine —
I thought it was chilly, I was wrong, for warmth
  is near.

Tr. Yao Zupei

53. 乌 衣 巷   刘禹锡

THE STREET OF MANSIONS

(Tang) Liu Yuxi

By the Bridge of Red Birds rank grasses
  overgrow;
O'er the Street of Mansions the setting sun
  hangs low.

Swallows which skimmed by painted eaves in bygone days

Are now dipping among common people's doorways.

Cit. *300 Tang Poems——A New Translation*, P. 283, Tr. Xu Yuanchong.

54. 春 雪　　（唐）韩愈

SNOW IN SPRING

(Tang) Han Yu

No flower has deigned to note the coming of New Year.

Only scant sprouts of grass the second moon can see.

The snow, impatient with belated spring, intrudes

Into our yard and makes with flakes a blooming tree.

Tr. Yao Zupei

55. 江 雪 （唐）柳宗元
FISHING IN SNOW

(Tang) Liu Zongyuan

From hill to hill no bird in flight;
From path to path no man in sight.
A straw-cloak'd man in a boat, lo!
Fishing on a river clad in snow.

Cit. 300 *Tang Poems*——*A New Translation*, P. 305, Tr. Xu Yuanchong.

56. 渔 翁 （唐）柳宗元
AN OLD FISHERMAN

(Tang) Liu Zongyuan

By the West Cliff, an old fisherman anchors for the night.
At dawn, he dips from the clear stream and cooks o'er a bamboo fire.
When the sun rises, the mists thin, he is out of sight.

A creak of the oars, a drowsy spell the green
   hills acquire.
Far far down, in mid-stream, he turns to look
   at his camp-site,
Where aimless clouds stroll around. Into
   What do they inquire?

Cit. 300 *Tang Poems——A New Translation*, P. 303, Tr.
Bai Xiaodong.

57. 离思五首 （其四） （唐）元稹

AFTER THE PARTING
(From a Sequence of Five Poems)

(Tang) Yuan Zhen

No waterscape delights the man who's been
   to sea;
When one's seen the clouds round Mount
   Witch, no other clouds there be.
Though there are flowers on my way, I disdain
   a backward glance:
It's partly for my own soul's sake — partly for
   thee.

Tr. Yao Zupei

58. 闺意献张水部　　（唐）朱庆余

TO THE LORD EXAMINER ON THE EVE OF EXAMINATION

(Tang) Zhu Qingyu

Last night red candles burned low in the bridal room,
At dawn she'll kowtow to new parents with the groom.
She whispers to him after touching up her face:
"Have I painted my brows with fashionable grace?"

Cit. 300 *Tang Poems——A New Translation*, P. 311, Tr. Xu Yuanchong.

59. 山　行　　（唐）杜牧

AN UPHILL TRIP

(Tang) Du Mu

The stone path ascends the autumn hill;
A hamlet is seen half hidden in the clouds.
Stop here, how pretty are the maple trees,
Whose frost-bitten leaves are ruddier than

spring flowers.

Tr. Yao Zupei

60. 过华清宫绝句 （其一） 杜 牧
A QUATRAIN:
THE PALACE ON MT. LISHAN

(Tang) Du Mu

The view from Chang'an reveals a mountain of brocade;
A thousand gates opening one by one on its top.
The Lady's face lit up at the sight of a rushing horse —
Nobody knew it brought a load of fresh litchi.

Tr. Yao Zupei

61. 江 南 春 杜 牧
SPRINGTIME SOUTH OF THE YANGTZE RIVER

(Tang) Du Mu

Vast tract of mingled green and red,
And singing birds in blooming trees;

The village taverns beckoning you,
With pennants fluttering in the breeze.
The Southern Reigns have built four score
And four hundred temples and towers;
Today how many of these are veiled
In mists and drenched in vernal showers!

        Tr. Yao Zupei

62. 清明   杜牧

EARLY SPRING

(Tang) Du Mu

In early spring when drizzles are endless,
A wayfarer feels all the more friendless.
"Pray tell me where can good old ale be got?"
The cowherd points to the Village of Apricot.

        Tr. Yao Zupei

63. 夜雨寄北 （唐）李商隐

WRITTEN ON A RAINY NIGHT TO MY WIFE IN THE NORTH

(Tang) Li Shangyin

You ask me when I can come back but I

don't know,
The pools in western hills with autumn rain o'erflow.
When by our window can we trim the wicks again
And talk about this endless, dreary night of rain?

Cit. 300 *Tang Poems*——*A New Translation*, P. 344, Tr. Xu Yuanchong.

64. 乐 游 原   李商隐

ON THE MERRY-MAKING PLAIN

(Tang) Li Shangyin

At dusk my heart is filled with gloom,
I drive my cab to ancient Tomb.
The setting sun appears sublime,
But oh! 'tis near its dying time.

Ct. 300 *Tang Poem*——*A New Translation*, P. 361, Tr. Xu Yuanchong.

65. 蜂 （唐）罗隐

THE HONEYBEE

(Tang) Luo Yin

The bee invades all places, high and low, in haste,
And takes delight in gorgeous scenery.
When honey is made, however, who's to taste
The sweet? For whom is all this drudgery?

Tr. Yao Zupei

66. 送日本国僧敬龙归 （唐）韦庄

SEEING OFF MASTER JINGLONG, A JAPANESE MONK, TO HIS NATIVE LAND

(Tang) Wei Zhuang

In the waste of the sea is the fabulous mulberry tree,
And your homeland is still, I am told, a long way further east.
When you set off, my holy man, who will your companion be?

A light boat in the moon, a full sail when the
    winds are released.

Tr. Yao Zupei

67. 江上渔者 （宋）范仲淹

THE FISHERMAN ON THE RIVER

(Song) Fan Zhongyan

The travellers come and go along the river,
Only the dainty perch will please their delicate
    taste.
Oh look! How yonder skiffs do toss and
    shiver
In the wind and vanish amid the billow's
    waste.

Yr. Wang Jianzhong

68. 陶 者 （宋）梅尧臣

THE TILE BURNERS

(Song) Mei Yaochen

The earth before the door is almost dug
    away,

Yet over the burners' hut is seen no cover
    of tiles.
The idle people who do not stain their hands
    with clay,
Live comfortably in big mansions adorned
    with scaly tiles.

Tr. Wang Jianzhong

69. 画 眉 鸟 （宋）欧阳修

THE THRUSHES

(Song) Ouyang Xiu

The thrushes with a myriad twitters chant
    their leisurely fill
Among the red or purple flowers, in trees or
    high or low.
The birds in a golden cage confined, I'm
    made to know,
Are not so free as songsters that in woods
    with pleasure trill.

Tr. Wang Jianzhong

70. 泊 船 瓜 州 (宋)王安石

A BOAT MOORED AT GUAZHOU

(Song) Wang Anshi

A stretch of water lies Guazhou and Jingkou between,
From Zhongshan Hill there only stand a few mountains.
A breeze of spring o'er the southern shore again spreads green,
When will the moon light me home with its silver fountains?

Tr. Wang Jianzhong

71. 梅 花　　王安石
THE PLUM BLOSSOMS

(Song) Wang Anshi

In the nook of the wall a few plum sprays
Blossom into solitude on bleak winter days.
Seen from afar, they are not snow in bloom,
For stealing hither is a delicate perfume.

Tr. Wang Jianzhong

72. 书湖阴先生壁二首 （其一） 王安石

TWO INSCRIPTIONS ON THE WALL OF MR. HU YIN'S HOUSE
(One Selection)

(Song) Wang Anshi

The eaves of well-swept thatch hang mossless
    and serene,
The plants and flowers are nursed in patterned
    plots by you.
A course of water offers protection around
    the fields of green,
Two ranges of mountains through open doors
    send here the blue.

Tr. Wang Jianzhong

73. 饮湖上初晴后雨 （宋）苏轼

DRINKING AT THE LAKE, FIRST IT'S SUNNY, THEN IT RAINS

(Song) Su Shi

Shimmering water at its full — sunny day is
    best;

Blurred mountains in a haze — marvelous even in rain.
Compare West Lake to a beautiful girl, she will look
Just as becoming — lightly made up or richly adorned.

Cit. *Sunflower Splendor Three Thousand Years of Chinese Poetry*, P. 347, Tr. Lo Irving Y.

74. 题西林壁 苏轼

AN INSCRIPTION ON THE WALL OF XILIN TEMPLE

(Song) Su Shi

The sidelong ranges become tall peaks in a vertical view,
The scenes so vary when seen from high or low, from far or near.
The genuine features of Lushan Mountain are strange to you,
Because your situation is within this mountain's bounding sphere.

Tr. Wang Jianzhong

75. 惠崇春江晚景　　苏轼

ON HUI CHONG'S "EVENING SCENE ON THE SPRING RIVER"

(Song) Su Shi

Beyond the bamboo grove a few peach boughs in blossom grow,
The ducks in the spring river know first the water's warmth with relish.
Scattered amongst the wormwoods, the asparagus buds begin to show,
It is now high time to have a seasonable taste of the globefish.

Tr. Wang Jianzhong

76. 绝　句　　（宋）李清照

A QUATRAIN

(Song) Li Qingzhao

Alive we should try to stand out from the throng,
And prove ourselves heroes of ghosts when

no more.

Xiang Yu the warrior is remembered all along,

For he refused to retreat to the river's east shore.

Tr. Wang Jianzhong

77. 晓出净慈寺送林子方 (宋) 杨万里

WALKING IN EARLY MORNING OUT OF THE TEMPLE OF PURIFIED BENEVOLENCE
— TO BID FAREWELL TO MR. LIN ZIFANG

(Song) Yang Wanli

And so it is mid-June on the West Lake now,

No other time could vouchsafe this present scene.

The lotus leaves stretch to the sky a boundless green,

The lotus flowers in sunlight with unusual red do glow.

Tr. Wang Jianzhong

78. 游山西村 （宋）陆游

VISITING THE VILLAGE WEST OF THE MOUNTAIN

(Song) Lu You

Scorn not the farmers' wine as turbid, brewed in December days,

The bounteous year can feast the guests with abundance of fowl and pork.

Mountain joined to mountain, river linked to river, it seems there's no way through,

The willows dim, the flowers gleam, another village appears in view.

The pipes shrill, the drums beat, the festival of land god approaches,

The villagers wear simple garments and keep antique manners.

From now onward if I can roam leisurely in the moonlit night,

I will walk with a stick and knock on a door when the time's right.

Tr. Wang Jianzhong

79. 十一月四日风雨大作   陆 游

A STORM ON NOVEMBER 4th.

(Song) Lu You

Lying in bed in the lonely village, stretching
   with uneasy strain,
Moaning not for myself, I think of going to
   guard the border place;
Deep in the night I listen to the wind fiercely
   sweeping the rain,
And dream of riding an armoured horse o'er
   frozen rivers in swift chase.

                          Tr. Wang Jianzhong

80. 剑门道中遇微雨   陆 游

CAUGHT IN A DRIZZLE ON MY WAY TO JIANMEN PASS

(Song) Lu You

My garment is covered with dust and some
   wine smears

On my journey afar, and I find heartache
    everywhere.
But can I in this guise for an aught but a
    poet pass,
In the drizzle towards Jianmen Pass riding
    on an ass?

Tr. Wang Jianzhong

81. 示 儿   陆 游

TO SONS

(Song) Lu You

I know when one is dead all becomes empty
    and vain,
But I lament that I could not our united land
    behold.
When royal armies from the foes our northern
    land regain,
As you worship your sires, let this news to
    your father be told.

Tr. Wang Jianzhong

82. 四时田园杂兴 （其一） （宋）范成大

RURAL SCENES IN FOUR SEASONS
(One Selection)

(Song) Fan Chengda

They weed the fields by day and twist the jute at eve,
The village children do their share of work for the family.
The little grandsons know not how to plough or weave,
They learn to plant melon seeds in the shade of mulberry.

Tr. Wang Jianzhong

83. 游园不值 （宋）叶绍翁

A VISIT TO THE GARDEN WITHOUT MEETING MY FRIEND

(Song) Ye Shaoweng

My clog nails have cut their prints on the mossy green,
Though I've tapped long at the brushwood

gate, no answer can I find.

Spring is overflowing the garden, it cannot be confined,

A crimson apricot blossom reaches over the wall to me.

Tr. Wang Jianzhong

84. 过零丁洋 （宋）文天祥

WHEN PASSING LINGDINGYANG

(Song) Wen Tianxiang

A master of Chinese classics, an officer troubled with hardships,

I have spent four years in tumults of war and found them wasted.

Our land is torn apart and driven like willow catkins in the wind,

My life is as the drifting duckweed between the strokes of rain.

The Shoals of Fear told the dreary days of horrid fright,

By the Solitary Sea now I moan in sighs for my solitary self.

Since ancient times who ever can forever live and not die?

I would fain let my crimson heart illume the pages of history.

Tr. Wang Jianzhong

85. 癸巳五月三日北渡(其一) (金)元好问

CROSSING TO THE NORTHERN SHORE OF THE RIVER

One Selection

(Jin) Yuan Haowen

White bones lie scattered in confusion,
My hometown in short years is reduced to desolation.
Hardly anyone remains alive among the Heshuo folk,
A few rundown houses are seen with thin wisps of smoke.

Tr. Wan Changsheng

86. 上京即事 (其一) (元)萨都剌

REMINISCENCE IN THE CAPITAL CITY
(One Selection)

(Yuan) Sa Dula

The scattered cattle and sheep are grazing in

the sunset at their ease,

The air smells of fragrance of grass and sweetness of cheese.

Suddenly a north wind springs up and sweeps sands like snow,

Hurriedly every yurt lets down its felt curtain low.

Tr. Wan Changsheng

87. 天净沙·秋思 （元）马致远

AUTUMN THOUGHTS

— to the Tune of *Tianjingsha*

(Yuan) Ma Zhiyuan

Withered vines, old trees, crows at dusk;

A small bridge, flowing water, a few houses;

An ancient road, a lean horse in the west wind.

The evening sun sinking in the west —

A heartbroken traveler still at world's end.

Cit. *Sunflower Splendor Three Thousand Years of Chinese Poetry*, P. 420, Tr. Fu Sherwin S.S.

88. 寻胡隐君　　（明）高启

VISITING HERMIT HU

(Ming) Gao Qi

Crossing one river after another,
I saw beautiful blooms everywhere.
Treading the waterside path in a spring breeze,
I found myself in front of the hermit's cottage.

Tr. Yan Weiyi

89. 京师得家书　　（明）袁凯

A LETTER FORM HOME

(Ming) Yuan Kai

The river sets us apart by three thousand li,
The letter from home contains fifteen lines only.
None of the lines express the agonies of separation,
They only urge me to come home to her satisfaction.

Tr. Wan Changsheng

90. 石灰吟　　（明）于谦

ODE TO THE LIME

(Ming) Yu Qian

O lime, you've been hammered a thousand times,
　　And from remote mountains you come.
You make light of being burned
　　In a vehement flame.
Never would you be daunted by
　　Being crushed to pieces.
So that you leave a pure and stainless spirit
　　To the world's memories.

Tr. Huang Xingsheng

91. 朝天子·咏喇叭　　（明）王磐

A SATIRE ON THE TRUMPET
— to the Tune of *Chaotianzi*

(Ming) Wang Pan

Oh, trumpets and *suonas*,
The tunes you play are trifling,
But the volume you release is blaring;

The boats carrying officials sail pell-mell,
Their pomp and arrogance entirely depend
upon you.
Hearing you civil guards feel distressed
Hearing you common people feel afraid,
Then now can one tell truth from sham?
It's plain for all to see
You have ruined this home today,
And you'll wreck another tomorrow,
Finally you'll screech the river dry,
And away all the geese will fly.

Tr. Wan Changsheng

92. 明 日 歌　　（明）文嘉

SONG OF TOMORROW

(Ming) Wen Jia

Tomorrow comes after tomorrow,
Endless tomorrows ahead lie.
If for tomorrow you always wait,
Your time will slip idly by.
That is the case with so many people,
Spring goes, autumn comes till old age arrives.

They watch the river flow eastward in the morning,
And see toward evening the sun sink in the west.
How many tomorrows can you have in a lifetime?
Pray listen to my song of tomorrow.

Tr. Yan Weiyi

93. 舟夜书所见 （清）查慎行

A NIGHT SCENE BY THE RIVER

(Qing) Zha Shenxing

I saw the solitary lamp of a fishing boat on a moonless night,
Sending out, like a glowworm, a gleam of light.
As a breeze awakened the water into tiny wrinkles.
The mirrored light became a myriad of starry twinkles.

Tr. Yan Weiyi

94. 养蚕词　　（清）缪嗣寅

A SONG OF SILKWORM BREEDING

(Qing) Miao Siyin

After the young silkworms are born,

I make for the field to pick mulberry leaves, Basket in hand;

When the silkworms grow old enough to produce cocoons,

Oft I retire late and rise at early morn.

Scarcely have I time to do the washing and pin up my hair,

Still I feel the change in weather might harm the silkworms.

I turn to bid my children keep silent,

For the silkworms are about to spin their silken threads.

Tr. Yan Weiyi

95. 慈仁寺荷花池 （清）何绍基

THE LOTUS POND OF BENEVOLENCE TEMPLE

(Qing) He Shaoji

By the pond I sit watching the reflections of
   lotus flowers as in heavenly water,
A gentle breeze passing o'er the fence stirs
   no ripples.
When night deepens and sightseers depart,
The pond will be dotted with glowworms,
   more numerous than stars in the skies.

Tr. Yan Weiyi

96. 村 居 （清）高鼎

A PASTORAL SCENE

(Qing) Gao Ding

Orioles flit among luxuriant grass on a February day,
Weeping willows caress the dyke as if drunk
   on spring mist.

The children, after their school closes,

Hasten to fly kites against the eastern wind.

Tr. Yan Weiyi

97. 己亥杂诗(选一) (清)龚自珍

MISCELLANIES OF THE YEAR JI-HAI (1839)
(One Selection)

(Qing) Gong Zizhen

A nation's vitality comes from wind and thunder —

How pitiable, the myriad horses have all become dumb!

I urge the Lord of Heaven to reassert himself,

And send down to earth talented men of every description.

Cit. *Sunflower Splendor Three Thousand Years of Chinese Poetry*, P. 495, Tr. Liu Wuji.

98. 赠梁任父同年　　（清）黄遵宪

TO LIANG RENFU

(Qing) Huang Zunxian

Precious as gold is every inch of our native land,
Who can save her from being carved up by foreign powers?
Ever loyal to our country, we weep in anguish for her destiny,
With the will of Jingwei we're dedicated to her salvation.

Tr. Yan Weiyi

99. 台湾竹枝词 （其一）（清）梁启超

SONG OF TAIWAN BAMBOO FRONDS
(One Selection)

(Qing) Liang Qichao

I sit love-sick under the love pea tree,
I miss, I hate my darling who knows nothing of my feeling.

Is my distant beloved thinking of me,
Now the tree top is covered with love pea seeds?

Tr. Wan Changsheng

100. 本事诗 （选一） （清）苏曼殊

HOMESICK
(One Selection)
(Qing) Su Manshu

Playing the Japanese flute upstairs in spring rain,
I yearn for home to watch the tides in Qianjiang Bay.
Wearing straw-sandals, holding alms-bowl, unrecognized,
I wonder how many bridges I have crossed amid cherry blossoms?

Tr. Wan Changsheng

责任编辑：龙燕俐　郁苓
装帧设计：张大羽

中国古诗百首读

朱宏达　吴洁敏　选注

*

©华语教学出版社
华语教学出版社出版
（中国北京百万庄路 24 号）
邮政编码 100037
北京外文印刷厂印刷
中国国际图书贸易总公司发行
（中国北京车公庄西路 35 号）
北京邮政信箱第 399 号　邮政编码 100044
1991 年（40 开）第一版
1996 年第二次印刷
（汉英）
ISBN 7-80052-165-6/H·165
01800
9-CE-2497P